やさしいスペイン語で読む

星の王子さま

IBCパブリッシング

カバーデザイン
佐久間麻理 (3Bears)

●

スペイン語訳
Cecilia Fernández-Juno

●

編集協力
中園竜之介
(株)スパニッシュコミュニケーションズ

本書は、内藤濯氏による邦訳『星の王子さま』(初出:岩波少年文庫、1953年) の
タイトルを、日本語タイトルとして使わせていただきました。
長く愛される素晴らしい名訳を生み出した内藤氏に、敬意と感謝を表します。

はじめに

　『星の王子さま』は、フランス人作家 Antoine de Saint-Exupery（1900-1944）が書いた小説で、フランス語の初版は1943年に出版されました。平易な表現で寓話のスタイルを用いながら人間の本質を問いかける名作として、子どもから大人まで、全世界で読まれています。300以上の国や地域で翻訳されたロングセラーです。

　本書は、そのサン＝テグジュペリが書いた原書の面白さを保ちつつ、読みやすくシンプルなスペイン語に書きおこした作品です。

　スペイン語を学習している読者の皆さま、勉強は楽しくするのが一番だと思います。「やさしいスペイン語」で書かれたものなら、あまり中断されることなく、「読書の楽しみ」を味わうことができます。各ページには、読み進める上で助けになる語注も掲載しています。たくさんスペイン語に触れることが、スペイン語力アップにつながるのです。

　子どもの頃、やさしい日本語で書かれたお話を楽しく読んで日本語を身につけたように、楽しくお話を読みながらスペイン語を習得すれば、やがてはスペイン語の原書を自由によみこなせるようになるはずです。

IBC編集部

El Principito
星の王子さま

サン＝テグジュペリ
原著

セシリア・フェルナンデス＝フノ
スペイン語訳

A Léon Werth

Espero que los niños me **disculpen** por haber **dedicado** este libro a un adulto. Tengo una muy buena excusa: este adulto es el mejor amigo que tengo en el mundo. Tengo también una segunda excusa: este adulto comprende todo, **incluso** los libros para niños. Mi tercera excusa es la siguiente: este adulto vive en Francia, donde **pasa** hambre y frío. Necesita que le **animen**. Pero si estas **razones** no fueran suficientes, entonces **dedico** este libro al niño que él fue hace tiempo. Todos los adultos fueron niños **alguna vez**. (Pero pocos lo recuerdan).

Por tal motivo escribo:

A Léon Werth
cuando era niño.

☆ ....

- ☐ disculpen>disculpar 許す
- ☐ dedicado, dedico>dedicar 捧げる
- ☐ incluso 〜を含めて、〜さえ
- ☐ pasa>pasar 耐える、忍ぶ
- ☐ animen>animar 元気づける
- ☐ razones>razón 理由
- ☐ alguna vez かつて、昔

Capítulo I

Cuando yo tenía seis años vi una ilustración hermosa en un libro. El libro se llamaba Historias Vividas. La ilustración **mostraba** a una **serpiente** boa **devorando** a una **fiera**. Aquí está el **dibujo**:

En el libro **leí**: "Las serpientes boa **se tragan** a su **presa** entera, sin **masticarla**. Después de haber comido, no pueden moverse porque están muy **llenas**. Deben descansar durante los próximos seis meses".

Reflexioné mucho sobre esto. Luego usé un lápiz de color para **trazar** mi primer dibujo. Mi Dibujo Número 1. **Se veía** así:

Les mostré mi **maravilloso** dibujo a algunos adultos. Les pregunté si mi dibujo les **daba miedo**.

Ellos **respondieron**: —¿Por qué habría de darme miedo un sombrero?

Yo no había dibujado un sombrero. Mi dibujo mostraba una serpiente boa que se había comido a un elefante. Entonces **hice** un segundo dibujo. Para que los adultos pudieran entenderlo, mi segundo dibujo mostraba el interior de la misma

☆ ....

- ☐ mostraba>mostrar 示す
- ☐ serpiente ヘビ
- ☐ devorando>devorar むさぼる
- ☐ fiera 肉食獣
- ☐ dibujo 絵、図
- ☐ leí>leer 読む
- ☐ se tragan>tragarse 飲み込む
- ☐ presa 獲物
- ☐ masticarla>masticar 噛む
- ☐ llenas>lleno 満腹で

- ☐ reflexioné>reflexionar 熟考する
- ☐ trazar （図形を）描く
- ☐ se veía>verse 見える
- ☐ maravilloso 見事な、素晴らしい
- ☐ daba miedo>dar miedo 怖がらせる
- ☐ respondieron>responder 答える
- ☐ hice>hacer 作る

serpiente boa. Los adultos siempre necesitan ayuda para entender las cosas. Mi Dibujo Número 2 se veía así:

Los adultos me dijeron que **dejara de** dibujar el interior o exterior de serpientes boa. Me dijeron que, **en su lugar**, aprendiera matemática, historia y geografía. **Así es como**, a la edad de seis años, abandoné mi sueño de **convertirme en** pintor. Lo abandoné porque el Dibujo Número 1 y el Dibujo Número 2 no fueron un éxito. Los adultos nunca entienden nada **por sí mismos**. Y los niños **se cansan de** explicarles las cosas una y otra vez.

En lugar de convertirme en pintor, aprendí a **volar** aviones. Volé por todo el mundo. Y es cierto que la geografía **ha resultado** ser muy útil. Puedo **diferenciar a primera** vista a China de Arizona. Esta información es muy práctica cuando **te pierdes** durante la noche.

A lo largo de mi vida he conocido a mucha gente importante. He vivido entre los adultos **por un largo tiempo**. Les he conocido de cerca. Esto no ha mejorado mi opinión sobre ellos.

Cuando me encontraba con un adulto que parecía tener **algo de sentido común**, entonces hacía una pequeña **prueba**: Le mostraba el Dibujo Número 1 al adulto. Quería ver si el adulto realmente comprendía. **Sin embargo**, el adulto siempre respondía: "Eso es un sombrero". **Por lo tanto**, no le hablaba de serpientes boa, fieras o estrellas. En cambio, hablaba de cosas que les interesan a los adultos. Hablaba de golf,

⭐ ....

- □ dejara de...>dejar de... ～するのを止める
- □ en su lugar その代わりに
- □ así es como そういうわけで
- □ convertirme en>convertirse en ～になる、～に変わる
- □ por sí mismo 自分自身で
- □ se cansan de>cansarse de ～にうんざりする
- □ en lugar de... ～の代わりに
- □ volar(<volé) 飛ばす
- □ ha resultado>resultar ～であるとわかる
- □ diferenciar 識別する
- □ a primera vista 一目で
- □ te pierdes>perderse 道に迷う
- □ a lo largo de ～の間中ずっと
- □ por un largo tiempo 長い間
- □ algo de いくらかの、多少の
- □ sentido común 常識
- □ prueba 試み、試験
- □ sin embargo しかし
- □ por lo tanto したがって

la sociedad y la ropa. Y el adulto se quedaba siempre muy contento de conocer a un hombre tan **agradable**.

Capítulo II

Durante muchos años mi vida fue **solitaria**. No tenía a nadie con quien verdaderamente hablar. Luego, hace seis años, mi avión tuvo una **avería** en el **desierto** del Sahara. Estaba completamente solo. Supe que tenía que **reparar** el avión por mí mismo, sin ninguna ayuda. Era una **cuestión** de vida o muerte. Tenía una pequeña **cantidad** de agua para beber que solo **duraría** unos ocho días.

La primera noche en el desierto me dormí rápidamente. Estaba muy cansado. Me encontraba a kilómetros de distancia de cualquier **sitio** o persona. Estaba más **aislado** que un **náufrago** en una **balsa** en **medio** del océano. Imaginad entonces mi **asombro** cuando una

☆ ....

- □ agradable 楽しい
- □ solitaria>solitario 孤独な
- □ avería 故障
- □ desierto 砂漠
- □ reparar 修理する
- □ cuestión 問題
- □ cantidad 量
- □ duraría>durar 持ちこたえる
- □ sitio 場所
- □ aislado 孤独な
- □ náufrago 漂流者、遭難者
- □ balsa 渡し船、いかだ
- □ en medio de... ～の真ん中で
- □ asombro 驚き

vocecita extraña me despertó por la mañana. La voz dijo:

—¡Por favor… dibújame un **cordero**!

—¿Qué?

—Dibújame un cordero…

Me **puse en pie de un salto**. Y vi a un extraordinario **muchachito** que me **observaba**. Este es el mejor **retrato** que **logré** hacer de él. Lo hice luego. Por supuesto, mi dibujo no es perfecto. Los adultos hicieron que dejara de dibujar a la edad de seis años, cuando no había aprendido a dibujar nada excepto el interior y el exterior de serpientes boa.

Miré a este muchachito con gran **asombro**. **Recordad** que me encontraba en el desierto, a miles de kilómetros de distancia de cualquier sitio o persona. Pero este joven no parecía estar perdido o cansando, ni **hambriento** ni **asustado**. No parecía un niño perdido en medio del desierto. Cuando finalmente pude hablar, le dije:

—Pero… ¿qué haces tú aquí?

Él dijo, **nuevamente**:

—Por favor… dibújame un cordero…

Hice lo que él me pidió. **Busqué** en mi bolsillo. Saqué una **hoja** de papel y un bolígrafo. Pero luego recordé algo: **aunque** yo había aprendido muchas cosas en la escuela, no sabía cómo dibujar. Se lo dije con un poco de **enfado**. Pero él **contestó**:

—Eso no importa. Dibújame un cordero.

Como nunca había dibujado un cordero, hice para él uno de los dos dibujos que sabía que podía hacer: el del exterior de la serpiente boa que se había comido a un elefante. Él lo miró. Quedé estupefacto cuando le oí decir:

—¡No, no! No quiero una serpiente boa que

☆ ....

□ vocecita：voz＋縮小辞
□ cordero 子羊
□ ponerse en pie 立つ
　（ponerse：ある位置につく）
□ de un salto ひとっ跳びに
□ muchachito：muchacho＋縮
　小辞
□ observaba>observar 観察す
　る
□ retrato 肖像画
□ logré...>lograr... 〜し遂げる、
　〜することができる

□ asombro 驚き
□ recordad>recordar 思い出す
□ hambriento 飢えた、空腹の
□ asustado>asustar 驚かせる
□ nuevamente ふたたび
□ busqué>buscar 探す
□ hoja 紙片
□ aunque 〜にも関わらず
□ enfado 怒り、不愉快
□ contestó>contestar 答える

se ha comido a un elefante. Las serpientes boa son muy peligrosas y los elefantes son muy grandes. Donde yo vivo todo es muy pequeño. Necesito un cordero. Dibújame un cordero.

Entonces dibujé un cordero.

Lo miró atentamente y dijo:

—¡No! Parece enfermo. Dibuja otro.

Entonces dibujé otro.

Mi nuevo amigo sonrió y dijo:

—Eso no es un cordero: es un **carnero**. Tiene **cuernos**.

Dibujé otro dibujo. Pero este tampoco le gustó:

—Ese cordero es demasiado viejo. Quiero un cordero que viva por mucho tiempo.

Yo **tenía prisa**. Quería reparar mi avión. Así que, rápidamente, hice el dibujo que se encuentra a continuación y le dije:

—Esta es una caja. El cordero que quieres está adentro.

Me sorprendí al ver que su **rostro se iluminaba**:

—¡Es exactamente lo que yo quería! ¿Crees que este cordero necesitará mucho de comer?

—¿Por qué?

—Porque todo es muy pequeño en el sitio de donde yo vengo.

—Este cordero no necesitará mucho de comer. Te he dado un cordero muy pequeño.

Él observó el dibujo con atención:

—No es tan pequeño realmente… ¡Mira! **Se ha quedado** dormido…

Y así fue como conocí al principito.

☆ ....

□ carnero 牡羊、雄羊
□ cuerno 角
□ tenía prisa>tener prisa 急ぐ
□ rostro 表情、顔

□ se iluminaba>iluminarse（顔が）輝く
□ se ha quedado>quedarse 〜の状態になる

Capítulo III

Me llevó mucho tiempo descubrir de donde venía.

El principito me hacía muchas preguntas, pero jamás parecía oír las mías. Descubrí cosas sobre él a través de palabras dichas al azar. Cuando él vio mi avión por primera vez (no intentaré dibujar mi avión, ya que se trata de un dibujo demasiado complicado para mí), me preguntó:

—¿Qué es esa cosa?

—Eso no es una cosa. Eso vuela. Es un avión, mi avión.

Me sentía orgulloso de decirle que yo sabía cómo volar.

Él gritó: —¡Cómo! ¿Has caído del cielo?

—Sí —le dije.

—Oh, ¡qué gracioso…!

Y el principito comenzó a reír, lo cual no me gustó. Quiero que mis problemas se tomen en serio. Finalmente, él dijo:

—¡Entonces tú también vienes del cielo! ¿De qué **planeta** eres tú?

Con esta información pude saber un poco más sobre la misteriosa **presencia** del principito. Rápidamente le pregunté:

—¿Entonces vienes de otro planeta?

Pero él no dijo nada. Luego, mientras miraba mi avión, respondió **amablemente**:

—Es cierto que no puedes haber venido de muy lejos…

☆ ....

- [ ] a través de ～を通じて
- [ ] al azar でたらめに、行き当たり ばったりに
- [ ] orgulloso 自慢して
- [ ] gritó>gritar 叫ぶ
- [ ] en serio 真剣に
- [ ] planeta 惑星
- [ ] presencia 存在
- [ ] amablemente 優しく、親切に

Y no volvió a hablar por un largo tiempo. Sacó mi dibujo del cordero de su bolsillo y lo contempló con placer.

Yo estaba muy interesado en lo que el principito había dicho sobre "otros planetas". Quería saber más, entonces le pregunté:

—Mi pequeño amigo, ¿de dónde vienes? ¿Dónde está tu hogar? ¿A dónde quieres llevar mi cordero?

Después de un momento, respondió:

—Es bueno que me hayas dado la caja para el cordero. Por la noche, la puede usar de casa.

—Si, por supuesto. Y si eres bueno, te daré algo para atarlo durante el día.

Esta proposición pareció escandalizar al principito.

—¿Atarlo? ¡Qué idea más extraña!

—Pero si no lo atas se irá quien sabe dónde. Se podría perder.

Mi amigo comenzó a reír nuevamente.

—¿A dónde crees que irá?

—A cualquier sitio. En línea recta hacia adelante.

El principito dijo con seriedad:

—Eso no importa, ¡todo es muy pequeño donde yo vivo!

Y con una voz un poco triste, agregó:

—Si va en línea recta hacia adelante, no irá muy lejos…

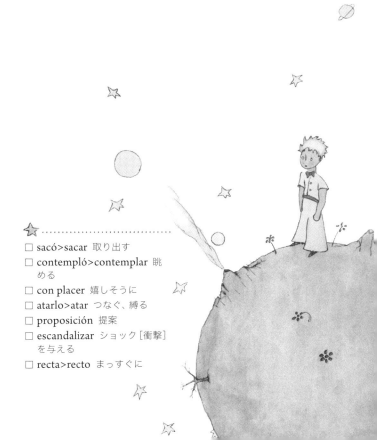

☆ ....
- [ ] sacó>sacar 取り出す
- [ ] contempló>contemplar 眺める
- [ ] con placer 嬉しそうに
- [ ] atarlo>atar つなぐ、縛る
- [ ] proposición 提案
- [ ] escandalizar ショック［衝撃］を与える
- [ ] recta>recto まっすぐに

Capítulo IV

Así **había descubierto** una importante segunda pieza de información: ¡su planeta era **apenas** más grande que una casa!

Esto no me sorprendió. Si bien hay planetas más grandes, como la Tierra, Júpiter, Marte y Venus, también hay cientos de planetas más pequeños. Cuando los **astrónomos** descubren uno de estos planetas pequeños, les ponen por nombre un número. Por ejemplo, lo llaman **Asteroide** 3251.

Tengo **motivos** para creer que el principito era de un pequeño planeta llamado Asteroide B612. Este asteroide ha sido visto sólo una vez, en 1909. Fue visto por un astrónomo **turco**. El astrónomo presentó su **hallazgo** en el Encuentro

Internacional de Astronomía. Pero nadie le creyó **debido a** su vestimenta turca. Los adultos son así.

Pero **afortunadamente** para el **porvenir** del Asteroide B612, un **gobernante** turco hizo que su pueblo se vistiera con ropas de **occidente**. El astrónomo volvió a presentar su hallazgo en 1920. Llevaba un traje hermoso. Y esta vez todos le **creyeron**.

☆ ....

□ había descubierto>descubrir
　発見する
□ apenas ほとんど〜ない
□ astrónomo(s) 天文学者
□ asteroide 小惑星
□ motivo(s) 動機、理由
□ turco トルコの
□ hallazgo 発見

□ debido a 〜のせいで
□ afortunadamente 幸運なことに
□ porvenir 未来
□ gobernante 統治者
□ occidente 西洋
□ creyeron>creer 信じる

23

Os cuento sobre este asteroide y su número oficial **a causa de** los adultos. A los adultos les encantan los números. Cuando les habláis sobre un amigo nuevo nunca hacen preguntas importantes. Nunca preguntan: "¿Qué **tono** tiene su voz? ¿Qué juegos prefiere? ¿Le gusta **coleccionar** mariposas?". En cambio, preguntan: "¿Qué edad tiene? ¿Cuántos hermanos y hermanas tiene? ¿Cuánto pesa? ¿Cuánto ganan sus padres?". Solamente así creen conocerle. Si decís a los adultos: "Vi una casa hermosa, hecha de piedra rosa, con flores en las ventanas…", ellos no podrán imaginarse esta casa. Tenéis que decirles: "Vi una casa que vale cien mil euros". Entonces los adultos dicen: "¡Qué casa más bonita!"

De esta forma, si decís a los adultos: "Sé que el principito era real porque él era hermoso, reía y quería un cordero. Cuando alguien quiere un cordero, eso es prueba de que es real", no os creerán. Os tratarán como niños. Pero si decís: "Él viene del Asteroide B612", entonces los adultos os creerán y dejarán de hacer preguntas.

Los adultos son así. No hay que **reprocharles** eso.
Los niños deben ser amables con los adultos.

Pero, por supuesto, nosotros, que sabemos
comprender la vida, nos **burlamos de** los
números. Me hubiera gustado comenzar este
libro como una historia hermosa. Me hubiera
gustado escribir:

"Había una vez un principito. Vivía en un
planeta que apenas era más grande que él y
necesitaba un amigo…" Para aquellos que
comprenden la vida, esto hubiera parecido más
real.

Nadie debería leer mi libro en un tono **jocoso**.
Escribir sobre esto me pone bastante triste.
Ya han pasado seis años desde que mi amigo

☆ ....

□ a causa de... 〜が原因で
□ tono （声の）調子
□ coleccionar 収集する
□ reprocharles>reprochar 非
　難する

□ burlamos de...>burlar de...
　〜をばかにする、からかう
□ jocoso おどけた、ふざけた

partió con su cordero. Escribo ahora sobre él para no olvidarlo. Olvidar a un amigo es algo muy triste. No todos han tenido un amigo. Y así podría llegar a convertirme en un adulto que no se interesa en nada **excepto** en las **cifras**. Por esa razón he comprado una caja de pinturas y lápices de colores.

¡Es difícil empezar a dibujar a mi edad, **luego de** haber dibujado sólo el exterior e interior de serpientes boas! Intentaré hacer mis dibujos lo mejor posible. Pero es probable que no tenga éxito. Un dibujo está bien. El **siguiente** no se parece al principito **en absoluto**. Aquí está demasiado alto. Allí está demasiado pequeño.

Además, no estoy seguro del color de su ropa. Continúo haciendo lo mejor que puedo. Probablemente **cometeré** algunos errores. Pero debéis disculparme. Mi pequeño amigo nunca me explicó estas cosas. Posiblemente pensó que yo era como él. Posiblemente pensó que yo comprendía todo por mí mismo. Pero no puedo ver el cordero dentro de la caja. Tal vez yo sea un poco como los adultos. Tuve que crecer.

Capítulo V

Cada día aprendía algo sobre su planeta, las razones de su partida y su viaje. Aprendí todo esto de a poco, **por casualidad**, mientras hablábamos. Así fue como, el tercer día, aprendí sobre los **baobabs**.

Una vez más, fue gracias al cordero que supe de ellos. De pronto y como si estuviera teniendo **dudas**, el principito me preguntó:

—¿Es verdad que los corderos se comen los **arbustos**?

☆ ....

□ partió>partir 出発する、去る
□ excepto 〜を除いて
□ cifra 数字
□ luego de 〜の後で
□ siguiente 次（のもの）
□ en absoluto 絶対に、完全に
□ cometeré>cometer（過ちなどを）犯す

□ por casualidad 偶然に
□ baobab バオバブ
□ una vez más もう一度、今回も
□ duda 疑い
□ arbusto 灌木

27

—Sí. Eso es cierto.

—¡Ah, qué contento estoy!

No comprendí por qué era tan importante para él que los corderos comieran arbustos. Pero luego el principito preguntó:

—¿Eso **significa** que también se comen los baobabs?

Le dije que los baobabs no son arbustos, sino árboles tan grandes como **iglesias**. Incluso si él tuviera muchos elefantes, éstos no podrían comer un baobab entero.

La idea de tantos elefantes hizo reír al principito:

—Tal vez podríamos ponerlos unos sobre otros…

Luego me dijo:

—Los baobabs no son grandes al principio. Cuando son jóvenes, son muy pequeños.

—Eso es cierto. Pero, ¿por qué quieres que tu cordero coma los baobabs pequeños?

Él dijo: —Bueno, ¡**deja** que te explique! —como si fuera a decir algo muy importante. Tuve que escuchar con mucha atención para comprender lo que dijo a continuación.

☆ ....

□ significa>significar　意味する
□ iglesia(s)　教会
□ deja>dejar que　（＋接続法）〜させる

En el planeta del principito, como en todos los planetas, había plantas buenas y plantas malas. Lo cual significa que también había **semillas** buenas de las plantas buenas y semillas malas de las plantas malas. Pero las semillas son muy pequeñas y difíciles de ver. Duermen en la tierra hasta que deciden **despertar** y comenzar a **crecer**. Luego, **empujan** un pequeño **tallo** hacia la **superficie**. Si el pequeño tallo crece para ser una planta buena, podéis dejarla crecer. Pero si el tallo se convierte en una planta mala, debéis **arrancarla** tan pronto como sea posible. En el planeta del principito había semillas terribles... las semillas del baobab. El **suelo** de su planeta estaba **repleto** de ellas. Y si se espera demasiado para arrancar un baobab, este crecerá hasta **cubrir** todo el planeta. Se **apoderará** del planeta. Y si el planeta es muy pequeño y hay demasiados baobabs, los baobabs **destruirán** el planeta.

"Es cuestión de **ocuparse de** ellos todos los días", me dijo más tarde el principito. "Cada mañana, me ocupaba de mi planeta. Tenía que arrancar los pequeños baobabs tan pronto como pudiera **distinguirlos** de los **rosales**. Los baobabs se parecen a las rosas cuando son muy pequeños. Es algo muy **aburrido** de hacer, pero es muy fácil".

☐ semilla(s) 種
☐ despertar 目を覚ます
☐ crecer(<crece) 成長する
☐ empujan>empujar 押す、押しのける
☐ tallo 新芽、茎
☐ superficie 表面
☐ arrancarla>arrancar 引き抜く
☐ suelo 土
☐ repleto いっぱいの
☐ cubrir 覆う

☐ se apoderarán de...>
   apoderarse de... ～を奪う、自分のものにする
☐ destruirán>destruir ～を破壊する
☐ ocuparse de... ～の世話をする、処理する
☐ distinguirlos>distinguir 区別する
☐ rosal(es) バラ（の木）
☐ aburrido つまらない、退屈な

Y un día me pidió que hiciera un dibujo para ayudar a los niños de mi planeta. "Si algún día viajan", me dijo, "esto podría ayudarles. A veces puedes esperar y dejar tu trabajo para más tarde. Pero tratándose de baobabs, el **retraso lleva a** problemas terribles. Conocí un planeta donde vivía un hombre **perezoso**. Él **ignoró** tres pequeños tallos y…"

Por lo tanto, hice el dibujo, como lo describió el principito. Por lo general no me gusta decirle a la gente lo que debe hacer. Pero el **peligro** de los baobabs no es suficientemente conocido. Así que, por esta vez, voy a hacer una **excepción** a mi regla. Y por lo tanto digo: "¡Niños! ¡Cuidado con los baobabs!". He trabajado **arduamente** en este dibujo. Espero que **instruya** a mis amigos sobre este peligro. La lección que quería enseñar **valió** el **esfuerzo** que me tomó dibujarlo. Tal vez preguntéis: ¿Por qué los otros dibujos de este libro no son tan buenos como el dibujo de los baobabs? La respuesta es **sencilla**: Hice lo mejor que pude, pero no lo **conseguí**. Cuando dibujé los baobabs, estaba **inspirado** por el peligro que representan.

⭐ ....

- □ retraso 遅れ
- □ llevar a... 〜を導く、〜をもたらす
- □ perezoso 怠惰な
- □ ignoró>ignorar 無視する
- □ peligro 危険
- □ excepción 例外
- □ arduamente 苦心して
- □ instruya>instruir 教える
- □ valió>valer 価値がある
- □ esfuerzo 努力
- □ sencilla>sencillo 単純な
- □ conseguí>conseguir 達成する
- □ inspirado>inspirar 触発する

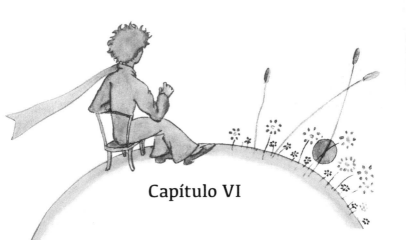

Capítulo VI

¡Oh! Principito, finalmente comencé a comprender la **tristeza** de tu vida. Nunca tuviste demasiado tiempo para los **placeres**, excepto **disfrutar** de la **belleza** de las **puestas** del sol. Esto lo descubrí la cuarta mañana, cuando me dijiste:

—Me encantan las puestas del sol. Vamos a ver una…

—Pero tenemos que esperar…

—¿Esperar qué?

—Esperar que **se ponga** el sol.

Al principio pareciste muy sorprendido, después te reíste de ti mismo. Y dijiste: —¡Por un momento creí que estaba en casa!

Como todos saben, cuando es **mediodía** en Estados Unidos, en Francia se está poniendo el sol. Tendríamos que viajar a Francia en un minuto si quisiéramos ver la puesta del sol. **Desgraciadamente**, Francia está demasiado lejos. Pero en tu pequeño planeta, te **bastaba** con **trasladar** tu silla unos pocos metros. Y podías ver la puesta del sol tan **seguido** como quisieras.

—¡Un día vi al sol ponerse cuarenta y cuatro veces!

Luego **añadiste**:

—¿Sabes? Cuando uno está triste, ver las puestas del sol le hace **sentir** mejor…

Yo pregunté: —¿El día que la viste cuarenta y cuatro veces estabas muy triste?

Pero el principito no me respondió.

☆ ....

- ☐ tristeza 悲しみ
- ☐ placer(es) 楽しみ
- ☐ disfrutar de… ～を楽しむ
- ☐ belleza 美しさ
- ☐ puesta(s)（日・月の）入り
- ☐ se ponga>ponerse（日・月が）沈む
- ☐ mediodía 正午

- ☐ desgraciadamente 残念ながら
- ☐ bastaba>bastar 十分である
- ☐ trasladar 移動する
- ☐ seguido 続けて
- ☐ añadiste>añadir 追加する
- ☐ sentir 感じる

Capítulo VII

En el quinto día conocí otro secreto de la vida del principito. De pronto me hizo una pregunta. Parecía que había pensado en esta pregunta durante mucho tiempo:

—Si un cordero come arbustos, ¿comerá flores también?

—Un cordero come todo lo que encuentra.

—¿Incluso las flores con espinas?

—Sí. Incluso las flores con espinas.

—Entonces, ¿de qué sirve tener **espinas**?

Yo no lo sabía. Estaba muy **ocupado**. Estaba **tratando de arreglar** mi avión. Estaba muy **preocupado**. El avión era difícil de arreglar y no me quedaba mucha agua para beber.

—¿Entonces de qué sirve tener espinas?

Una vez que había hecho una pregunta, el principito **insistía** hasta **obtener** una respuesta. Pero como yo estaba preocupado y **enfadado**, dije lo primero que se **me ocurrió**:

—Las espinas no **sirven** para nada. ¡Las flores tienen espinas porque son malas!

—¡Oh!

Y después de un momento, me dijo con **enojo**: —¡No te creo! Las flores son **débiles**. Son **ingenuas** y hermosas. **Se defienden** como pueden. Creen que sus espinas les ayudan a protegerse…

No respondí. No estaba escuchando. Aún estaba pensando en mi avión. Luego el principito dijo:

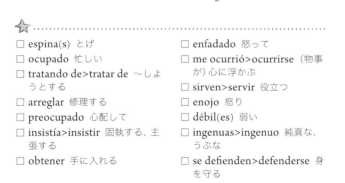

☆ ....

- ☐ espina(s) とげ
- ☐ ocupado 忙しい
- ☐ tratando de>tratar de ～しようとする
- ☐ arreglar 修理する
- ☐ preocupado 心配して
- ☐ insistía>insistir 固執する、主張する
- ☐ obtener 手に入れる

- ☐ enfadado 怒って
- ☐ me ocurrió>ocurrirse（物事が）心に浮かぶ
- ☐ sirven>servir 役立つ
- ☐ enojo 怒り
- ☐ débil(es) 弱い
- ☐ ingenuas>ingenuo 純真な、うぶな
- ☐ se defienden>defenderse 身を守る

—Entonces crees que las flores…

—¡No, no creo nada! Te he dicho lo primero que se me ocurrió. ¡Estoy ocupado con **asuntos importantes**!

Me miró **estupefacto** y exclamó:

—¡Asuntos importantes!

Añadió: —¡Hablas como un adulto!

Eso me hizo **sentir mal**. Pero **de todas formas** él continuó:

—¡No entiendes nada!

Él estaba muy enfadado. **Sacudió** su cabeza de **cabello** dorado:

—Conozco un planeta donde vive un hombre de cara colorada. Él nunca **ha olido** una flor. Él nunca ha mirado una estrella. Él nunca ha amado a nadie. Él nunca hace nada excepto **sumar** números. **Al igual que** tú, durante todo el día dice: '¡Yo soy un hombre importante! ¡Yo soy un hombre importante!'. **Se llena con** su **propia** importancia. Pero no es un hombre, ¡es un **hongo**!

—¿Un qué?

—Un hongo.

El principito **se había vuelto pálido** de cólera:

—Las flores han tenido espinas por millones de años. Y, aun así, por millones de años, los corderos han comido flores. ¿Cómo puedes decir que no es importante tratar de entender por qué las flores continúan teniendo espinas que no les protegen para nada? ¿Cómo puedes decir que la **guerra** entre los corderos y las flores no importa? ¿Cómo puedes decir que no es más importante que un hombre **gordo** y de cara roja haciendo números? Y yo, yo conozco una flor que es la única de su **tipo**, que no vive en ningún otro sitio, solo en mi planeta… y si un pequeño cordero

⭐ ....

- □ asunto(s) 事柄
- □ estupefacto 茫然とした、びっくりした
- □ sentir mal 決まりが悪くなる、気を悪くする
- □ de todas formas とにかく、いずれにしても
- □ sacudió>sacudir （頭を）揺り動かす
- □ cabello 髪
- □ ha olido>oler においをかぐ
- □ sumar 合計する

- □ al igual que… ～とおなじように
- □ se llena con>llenarse con… ～でいっぱいになる
- □ propia>propio 自分自身の
- □ hongo キノコ
- □ se había vuelto>volverse （人が）～になる
- □ pálido （顔が）青白い
- □ guerra 戦争
- □ gordo 太った
- □ tipo 種類

destruye esa flor, la come una mañana, sin saber lo que ha hecho, ¿es que esto no es importante?

Su rostro **enrojeció** mientras continuaba:

—Si una persona ama una flor única que se encuentra en una sola estrella entre millones y millones de estrellas, eso es suficiente para hacerle feliz cuando mira las estrellas. Esta persona mira las estrellas y se dice a sí misma: "Mi flor está allí en algún sitio..." Pero si el cordero se come la flor, es como si **de pronto** todas las estrellas **se apagaran** para esta persona. ¿¡Y eso... eso no es importante!?

El principito no pudo decir más. Comenzó a llorar y llorar. **Había caído** la noche. Dejé de hacer lo que estaba haciendo. Ya no me importaba mi avión, ni el **hambre**, ni siquiera la posibilidad de **morir**. ¡En una estrella, en un planeta, este planeta, mi planeta, la Tierra, había un principito que estaba triste! Lo tomé en mis **brazos**. Lo abracé. Le dije:

—La flor que amas no está en peligro... Te dibujaré algo para proteger a tu flor... yo...

Realmente no sabía que decir. Me sentía

impotente. No sabía cómo **consolarlo**… La tierra de las **lágrimas** es un sitio tan remoto.

Capítulo VIII

Pronto descubrí más sobre esta flor. En el planeta del principito siempre ha habido flores muy simples. Tienen una sola línea de **pétalos.** Aparecen una mañana y por la tarde **se extinguen.** Pero esta flor especial creció de una semilla que debe haber venido de algún otro lugar. El principito observó con atención desde el momento en que esta planta inusual comenzó

☆ ....

□ destruye>destruir 破壊する
□ enrojeció>enrojecer 赤くな
　る
□ de pronto 突然
□ se apagaran>apagarse 消える
□ había caído>caer （日が）沈む
□ hambre 空腹
□ morir 死ぬ

□ brazo(s) 腕
□ impotente 無力な
□ consolarlo>consolar 慰める
□ lágrima(s) 涙
□ pétalo 花びら
□ se extinguen>extinguirse 消
　える

a crecer. Era diferente a todas las otras plantas. Podría ser una nueva especie de baobab. Pero de esta nueva e **inusual** planta comenzó a crecer una flor. El principito **sospechó** que esta flor sería algo especial. Pero la flor no estaba lista para **abrirse** todavía. No había terminado **aún** de hacerse hermosa. Ella eligió sus colores con cuidado. **Se vistió** despacio. Quería presentarse con toda su **belleza**. ¡Oh, sí, era bastante **vanidosa**! Su preparación duró días y días. Y luego, una mañana, precisamente al salir el sol, la flor finalmente se abrió.

Después de su preparación tan cuidadosa, ella dijo:

—¡Oh, **apenas acabo de** despertarme… perdóname… realmente no estoy **lista** para que me vean…!

El principito no pudo contenerse. Exclamó:

—¡Qué hermosa eres!

—Lo soy, ¿no es cierto? — respondió **dulcemente** la flor— Y **nací** en el mismo momento en que **se alzaba** el sol.

El principito pudo ver que ella era bastante vanidosa, pero ¡era tan preciosa y **delicada**!

—Me parece que ya es hora de desayunar —le dijo—, **si fueras tan amable**…

Y el principito, muy **avergonzado**, llenó una **regadera** con agua fresca y le dio su desayuno a la flor.

☆ ....
- [ ] inusual 変わった
- [ ] sospechó>sospechar 疑う、思う
- [ ] abrirse 開く
- [ ] aún まだ
- [ ] se vistió>vestir 服を着る
- [ ] belleza 美
- [ ] vanidosa>vanidoso うぬぼれが強い
- [ ] apenas やっとのことで～する
- [ ] acabo de...>acabar de... ～を終えたところである
- [ ] lista>listo 準備ができて
- [ ] dulcemente 甘く
- [ ] nací>nacer 生まれる
- [ ] se alzaba>alzarse 昇る
- [ ] delicada>delicado 繊細な
- [ ] si fueras tan amable よろしければ
- [ ] avergonzado>avergonzar 恥ずかしい思いをさせる
- [ ] regadera じょうろ

Pronto, ella lo estaba **perturbando** con su **vanidad**. Un día, por ejemplo, hablando de sus cuatro espinas, le dijo al principito:

—Deja que vengan los tigres. ¡No les **tengo miedo** a sus **garras**!

—No hay tigres en mi planeta —**señaló** el principito— y, **además**, los tigres no comen arbustos.

—Yo no soy un arbusto —respondió dulcemente la flor.

—Perdóname…

—No **temo** a los tigres, pero el aire frío no es bueno para mi salud. ¿Tienes un **biombo**?

"El aire frío es malo para su salud… eso es inusual para una planta", pensó el principito. "Esta flor es demasiado **complicada**…"

—Por favor, cada noche, ponme bajo un **globo** de **vidrio** para mantenerme **templada**. Hace mucho frío aquí donde tú vives. En el lugar de donde yo vengo…

☆ ....

- □ perturbando>perturbar 混乱させる、狼狽させる
- □ vanidad 見栄
- □ tengo miedo>tener miedo 怖い
- □ garra カギ爪
- □ señaló>señalar 指摘する
- □ además さらに、その上

- □ temo>temer 怖がる
- □ biombo 屏風
- □ complicada>complicado 気難しい
- □ globo 球体
- □ vidrio ガラス
- □ templada>templado 暖かい

La flor **se detuvo**. Había llegado al planeta del principito **en forma de** semilla. Nunca había conocido otros planetas. **Fastidiada** por haberse dejado **sorprender inventando** una mentira tan **ingenua, tosió** dos o tres veces:

—¿Tienes un biombo?

—Estaba a punto de ir a buscarlo, ¡pero no dejabas de hablarme!

Entonces ella volvió a toser para hacerle sentir mal.

Y así es como el principito comenzó a **dudar** de la flor que amaba. **Había confiado en** lo que ella decía, y ahora se sentía **desdichado**.

"No debería haberla escuchado", me dijo un día. "Nunca debes escuchar lo que dicen las flores. Es mejor mirarlas y disfrutar de su aroma. Mi flor hizo que todo mi planeta sea hermoso, pero yo no podía disfrutarlo. Debería haber sido más **bondadoso** con ella…"

Él continuó: "¡Nunca la comprendí en realidad! Debí **haberla juzgado** por sus acciones y no por sus palabras. Ella hizo que mi mundo sea hermoso. ¡Nunca debí haberme ido! Debería haber visto la **dulzura** detrás de sus **juegos insensatos**. ¡Las flores son tan complicadas! Pero yo era demasiado joven para saber amarla."

☆ ....

□ se detuvo>detenerse 止ま る、やめる

□ en forma de… ～の形で

□ fastidiada>fastidiar うんざり させる、不快にさせる

□ sorprender 見破る、見つける

□ inventando>inventar 作り出 す

□ ingenua>ingenuo ばかばか しい

□ tosió>toser 咳をする

□ dudar 疑う

□ había confiado en…>confiar en… ～を信用する

□ desdichado みじめな、かわい そうな

□ bondadoso 親切な

□ haberla juzgado>juzgar 判断 する

□ dulzura やさしさ

□ juego 手口、かけひき

□ insensato(s) ばかげた、非常識 な

Capítulo IX

Creo que unos **pájaros silvestres** ayudaron al principito a dejar su planeta. La mañana de la **partida puso en orden** el planeta. Limpió con cuidado los **volcanes** activos. Había dos volcanes activos. Eran muy **útiles** para cocinar el desayuno por la mañana. Además, había un volcán **inactivo**. Limpió el volcán inactivo también, ya que, como él decía, "¡nunca se sabe lo que puede ocurrir!". Si los volcanes están limpios, sus **erupciones arden cuidadosamente**, sin **ocasionar** problemas.

El principito arrancó los nuevos **brotes** de baobab. Y **se sintió** un poco triste porque pensó que nunca regresaría a casa. Cuando se preparó para poner a su flor bajo el globo de vidrio por última vez, sintió ganas de llorar.

—Adiós —le dijo a la flor.

Pero ella no respondió.

—Adiós —volvió a decir.

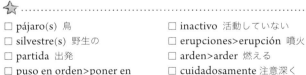

☐ pájaro(s) 鳥
☐ silvestre(s) 野生の
☐ partida 出発
☐ puso en orden>poner en
   orden 整える
☐ volcanes>volcán 火山
☐ útil(es) 役に立つ

☐ inactivo 活動していない
☐ erupciones>erupción 噴火
☐ arden>arder 燃える
☐ cuidadosamente 注意深く
☐ ocasionar 引き起こす
☐ brote(s) 芽
☐ se sintió>sentirse 感じる

La flor tosió, pero no porque estuviera **resfriada**.

—He sido una **tonta** —dijo **finalmente** la flor—. Perdóname por la forma en que actué. Intenta ser feliz.

El principito se sorprendió de que ella no estuviera enfadada por su partida. Se quedó allí sin saber qué hacer. No comprendía esta apacible dulzura.

—Te amo —le dijo la flor—. Tú nunca lo supiste debido a la forma en que yo **actué**. Pero nada de esto importa ahora. Y tú has sido tan tonto como yo. Intenta ser feliz. No te preocupes por el globo. Ya no lo quiero.

—Pero el aire frío de la noche…

—No soy tan **débil**… El aire **fresco** de la noche me hará bien. Soy una flor.

—Y los animales **salvajes**…

—Será necesario que **soporte** algunas **orugas** si quiero conocer a las mariposas. He oído que las mariposas son muy hermosas. Si no, ¿quién vendrá a visitarme? Tú estarás muy lejos. Y no me asustan los animales salvajes. Tengo mis espinas.

E **inocentemente** le **mostró** sus cuatro espinas. Luego añadió:

—Por favor, no te quedes **ahí**. Has decidido partir. Entonces vete.

Ella no quería que él la viera llorar. Era una flor muy orgullosa…

Capítulo X

El principito estaba cerca de los asteroides 325, 326, 327, 328, 329 y 330.

Decidió visitar cada uno de ellos. Quería aprender sobre ellos. Y también quería encontrar algo para hacer.

☆ ....

- ☐ resfriada>resfriado 寒い
- ☐ tonta>tonto 馬鹿な
- ☐ finalmente ついに
- ☐ actué>actuar 行動する、ふるまう
- ☐ débil 弱い
- ☐ fresco 新鮮な
- ☐ salvaje(s) 野生の
- ☐ soporte>soportar 我慢する
- ☐ oruga(s) 毛虫
- ☐ inocentemente 無邪気に
- ☐ mostró>mostrar 見せる、示す
- ☐ ahí そこに

En el primer asteroide vivía un **rey**. El rey estaba sentado sobre un **trono** simple pero hermoso y vestía un maravilloso **manto** púrpura.

—¡Ajá! ¡Aquí hay un **súbdito**! —exclamó el rey cuando vio al principito.

Y el principito se preguntó a sí mismo: "¿Cómo sabe quién soy? Nunca me ha visto antes".

Él no sabía que, para los reyes, el mundo es muy simple. Todos los hombres son sus súbditos.

—Ven aquí para que te pueda ver mejor —dijo el rey. Estaba muy orgulloso de tener un súbdito **por fin**.

El principito buscó un sitio donde sentarse. Pero el planeta estaba **cubierto** por el manto del rey, así que continuó **de pie**. Y como estaba cansado, **bostezó**. El rey le dijo:

—No está permitido bostezar frente al rey. Te **ordeno** que dejes de bostezar.

—No puedo **evitarlo** —respondió el principito sintiéndose mal.

—He hecho un viaje muy largo y no he dormido...

—Entonces —dijo el rey— te ordeno que bosteces. Hace años que no veo bostezar a nadie. Me interesan los bostezos. ¡Vamos! Bosteza otra vez. Es una orden.

—Ahora me da **vergüenza**... no puedo bostezar más... —dijo el principito sonrojándose.

—¡Hum! ¡Hum! — dijo el rey.

□ rey 国王
□ trono 王座
□ manto マント、ガウン
□ súbdito 臣下、国民
□ exclamó>exclamar 叫ぶ
□ por fin ついに
□ cubierto>cubrir 覆う
□ de pie 立って

□ bostezó>bostezar あくびを する
□ ordeno>ordenar 命令する
□ evitarlo>evitar 避ける
□ vergüenza 恥

53

—Bueno, entonces, yo… yo te ordeno que bosteces a veces y **a veces**…

Dejó de hablar. Parecía **contrariado**.

Ante todo, el rey quería estar seguro de que su **poder** era absoluto.

Él gobernaba de manera absoluta y sin **desobediencia**. Pero, debido a que era muy **sensato**, sus órdenes eran siempre muy **razonables**:

"Si yo ordenara a mi **general** que **se transformara en** un ave y el general no me obedeciese, la culpa no sería del general. Sería mi culpa".

—¿Puedo sentarme? —preguntó el principito.

—Te ordeno que te sientes —respondió el rey. Movió su manto púrpura cuidadosamente.

Pero el principito se sorprendió. El planeta era muy pequeño. ¿Sobre quién reinaba el rey?

—Señor —dijo—, por favor, discúlpeme por hacerle esta pregunta…

—Te ordeno que me preguntes —**se apresuró** a decir el rey.

—Señor… ¿sobre quién reina usted exactamente?

—Sobre todo —respondió el rey.

—¿Sobre todo?

Con un **gesto** de la mano, el rey señaló su planeta, los otros planetas y todas las estrellas.

—¿Sobre todo eso? —dijo el principito.

—Sobre todo eso… —respondió el rey.

Porque el rey no sólo gobernaba **absolutamente**, también gobernaba sobre todas las cosas.

—¿Y las estrellas le **obedecen**?

—¡Por supuesto! —dijo el rey—. Me obedecen completamente. No permitiría que me **desobedezcan**.

☆ ....

□ a veces ときどき
□ contrariar 不快にさせる
□ ante todo 第一に
□ poder 権力
□ desobediencia 反抗、不服従
□ sensato 賢明な
□ razonable(s) 合理的な、筋の通った
□ general 将軍

□ se transformara en...> transformarse en... 〜に姿を変える
□ se apresuró>apresurarse 急ぐ
□ gesto ジェスチャー
□ absolutamente 完全な
□ obedecen>obedecer 従う
□ desobedezcan>desobedecer 従わない

Semejante poder **conmocionó** al principito. ¡Si él tuviera tanto poder hubiese podido ver no solo cuarenta y cuatro, sino setenta y dos o incluso cien, o doscientas puestas del sol en un solo día, sin tener que mover su silla! Y se sintió un poco triste al pensar en su pequeño planeta que había abandonado. Decidió pedirle algo al rey:

—Me gustaría ver una puesta del sol… ¿Me daría esa **satisfacción**? Por favor, haga que se ponga el sol…

—Si yo le diera a un general la orden de volar de flor en flor como una mariposa, y el general no **siguiera** mi orden, ¿quién estaría **equivocado**, yo o él?

—Usted estaría equivocado —respondió el principito con **firmeza**.

—Exactamente. Como rey, debo ordenar a cada súbdito que haga las cosas que puede hacer —dijo el rey—. Mi poder viene de mi **razón**. Si ordenara a mis súbditos que **se tirasen** al mar, ellos **se rebelarían** contra mi **reinado**. Tengo el derecho de gobernar como rey porque mis órdenes tienen sentido.

—¿Qué hay de mi puesta de sol? —volvió a preguntar el principito. Él nunca olvidaba una pregunta que había hecho.

—Tendrás tu puesta de sol. Así lo ordeno. Pero esperaré hasta que sea el momento indicado.

—¿Y cuándo será el momento indicado?

—¡Ejem, ejem! —respondió el rey. Miró un **enorme** calendario.

—¡Ejem, ejem! ¡Eso será hacia… hacia… eso será hacia las siete cuarenta esta tarde! Ya verás cómo se obedecen mis órdenes.

☆ ....

- semejante このような、そんな
- conmocionó>conmocionar 衝撃を与える、動転させる
- satisfacción 満足（を与えるもの）
- siguiera>seguir 従う
- equivocado>equivocar 間違わせる
- firmeza 揺るぎなさ
- razón 理性
- se tirasen>tirarse 身を投げる
- se rebelarían>rebelarse 反乱を起こす
- reinado 君臨、治世
- enorme 巨大な

El principito bostezó. Deseó poder tener su puesta del sol.

Y se estaba **aburriendo**.

—Ya no tengo nada que hacer aquí —le dijo al rey—. ¡Seguiré mi camino!

—No te vayas —le respondió el rey. Estaba muy orgulloso de tener un súbdito.

—No te vayas, ¡te haré **ministro**!

—¿Ministro de qué?

—¡De… de justicia!

—¡Pero aquí no hay nadie a quien **juzgar**!

—Nunca se sabe —dijo el rey—. No he visto todo mi **reino** aún. Estoy muy viejo. No tengo **forma** de viajar y **me cansa** caminar.

—¡Oh! Pero yo ya lo he visto —dijo el principito. Miró hacia el otro lado del planeta—. Allí tampoco vive nadie.

—Entonces te juzgarás a ti mismo —dijo el rey—. Es el trabajo más difícil de todos. Es mucho más difícil juzgarse a uno mismo, que juzgar a otra persona. Si puedes juzgarte a ti mismo, serás un hombre muy sabio.

—Yo puedo juzgarme a mí mismo en

cualquier parte —dijo el principito—. No tengo **necesidad** de vivir aquí para hacer eso.

—¡Ejem, ejem! —dijo el rey—. Creo que en alguna parte del planeta vive una **rata** vieja. Yo la oigo por la noche. Juzgarás a esta rata vieja. La **condenarás a** muerte de vez en cuando. Y le permitirás vivir cada una de las veces. No debemos **derrochar**. Es la única que hay.

—A mí no me gusta la idea de condenar a muerte a nadie —dijo el principito—. Creo que debería irme.

—No —dijo el rey.

El principito no quería hacer **enfadar** al viejo rey:

☐ aburriendo>aburrir 退屈させる
☐ ministro 大臣
☐ juzgar 裁く
☐ reino 王国
☐ forma 方法、形式
☐ me cansa>cansarse 疲れる

☐ necesidad 必要性
☐ rata ネズミ
☐ condenarás a...>condenar a... 〜を宣告する
☐ derrochar 無駄にする、浪費する
☐ enfadar 怒らせる

—Su **Majestad** podría darme una orden razonable. Por ejemplo, podría ordenarme que **me marche** en **menos de** un minuto. Creo que es el momento indicado...

El rey no respondió. El principito esperó unos instantes. Luego, con un **suspiro**, dejó el planeta del rey.

—¡Te **nombro** mi **embajador**! —se apresuró a **gritar** el rey.

Habló con un aire de gran **autoridad**.

"Los adultos son muy extraños", se dijo el principito a sí mismo mientras se iba.

Capítulo XI

En el segundo planeta vivía un hombre muy vanidoso.

—¡Ah! ¡Aquí viene un **admirador**! —gritó apenas vio al principito.

Los vanidosos ven a todos los **demás** como sus admiradores.

—¡Buenos días! —dijo el principito—. Llevas un sombrero extraño.

—Este sombrero fue hecho para **inclinarlo** —le respondió el vanidoso—. Inclino mi sombrero cuando la gente me **admira**. Desgraciadamente, nunca viene nadie por aquí.

☆ ....

□ Majestad 陛下
□ me marche>marcharse 立ち去る
□ menos de 〜未満の、〜以下の
□ suspiro ため息
□ nombro>nombrar 指名する
□ embajador 大使

□ gritar 叫ぶ
□ autoridad 権力
□ admirador ファン
□ demás その他の人・物
□ inclinarlo>inclinar お辞儀をする
□ admira>admirar 称賛する

61

—Ah, ¿sí? —preguntó el principito. No comprendía.

—**Aplaude** con tus manos —dijo el hombre vanidoso.

El principito aplaudió. El hombre vanidoso levantó su sombrero y lo inclinó.

"Esto es más divertido que mi visita al rey", dijo para sí el principito. Y siguió aplaudiendo. El hombre vanidoso levantó su sombrero y lo volvió a inclinar.

Después de aplaudir por cinco minutos, el principito estaba aburrido.

—¿Por qué inclinas tu sombrero? —preguntó.

Pero el hombre vanidoso no lo escuchó. La gente vanidosa nunca escucha nada a excepción de las **alabanzas**.

—¿Realmente me admiras mucho? —le preguntó al principito.

—¿Qué significa 'admirar'? —dijo el principito.

—Admirarme significa que consideras que soy la persona más hermosa, mejor vestida, más rica y más inteligente en este planeta.

—¡Pero tú eres la única persona en este planeta!

—¡Por favor, admírame **de todas maneras**!

—Te admiro —dijo el principito sin entender—. Pero, ¿por qué te importa tanto?

Y luego abandonó el planeta.

"Los adultos son realmente muy **extraños**", se dijo el principito a sí mismo mientras seguía su camino.

☆ ....

□ aplaude>aplaudir 拍手する
□ alabanza 称賛
□ de todas maneras とにかく
□ extraño(s) 奇妙な

Capítulo XII

En el siguiente plantea vivía un hombre que bebía demasiado. La visita del principito en este planeta fue muy corta, pero le **entristeció** muchísimo.

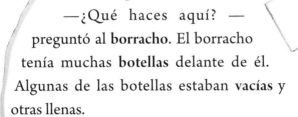

—¿Qué haces aquí? —preguntó al **borracho**. El borracho tenía muchas **botellas** delante de él. Algunas de las botellas estaban **vacías** y otras llenas.

—Bebo —respondió el borracho con una voz **lúgubre**.

—¿Por qué bebes? —le preguntó el principito.

—Bebo para olvidar —dijo el borracho.

—¿Para olvidar que? —preguntó el principito, quien ya se sentía triste por él.

—Para olvidar cuan **horrible** me siento. —le dijo el borracho, **hundiéndose** en su **asiento**.

—¿Por qué te sientes horrible? —preguntó el principito. Quería ayudarlo. —¡Horrible por beber! —respondió el borracho. Y no dijo más.

Y el principito se marchó. No comprendía lo que había visto.

—Los adultos son realmente muy, muy extraños—, se dijo el principito a sí mismo.

☆ ....
□ entristeció>entristecer 悲し　　□ lúgubre 陰気な
　　ませる　　　　　　　　　　　　□ horrible 嫌な、恐ろしい
□ borracho 酔っ払い　　　　　　□ hundiéndose>hundirse 沈む
□ botella(s) 瓶　　　　　　　　　□ asiento 席
□ vacías>vacío 空の

Capítulo XIII

En el cuarto planeta vivía un hombre de **negocios**. Este hombre estaba tan ocupado que ni siquiera vio llegar al principito.

—Hola —dijo el principito. —Tu cigarrillo **se ha apagado**.

—Tres y dos son cinco. Cinco y siete son doce. Doce y tres son quince. Hola. Quince y siete son veintidós. Veintidós y seis son veintiocho. No tengo tiempo de volver a encenderlo. Veintiséis y cinco son treinta y uno. ¡Uf! Esto suma quinientos un millones seiscientos veintidós mil setecientos treinta y uno.

—¿Quinientos millones de qué? —preguntó el principito.

—¿Qué? ¿Estás ahí todavía? Quinientos un millones de… ya no recuerdo… ¡Tengo mucho que hacer! ¡Yo soy un hombre importante y no tengo tiempo para **tonterías**! Dos y cinco son siete…

—¿Quinientos un millones de qué? —volvió a preguntar el principito. Una vez que había hecho una pregunta, nunca **se daba por vencido**.

El hombre de negocios levantó la cabeza. Él dijo:

—En los cincuenta y cuatro años que hace que vivo en este planeta, sólo he tenido que

□ negocio(s) 商業、実業
□ se ha apagado>apagarse 消える
□ tontería(s) 馬鹿（なこと）、価値のないこと

□ se daba por vencido>darse por vencido 敗北（したこと）を認める

parar tres veces. La primera fue hace veintidós años, cuando cayó un **bicho** desde quien sabe dónde. Hacía el **ruido** más **espantoso** y **cometí** cuatro errores en una suma. La segunda vez fue hace once años cuando **me enfermé**. Yo no hago suficiente ejercicio. No tengo tiempo que perder. Soy un hombre importante. Y la tercera vez… ¡es ésta! Como estaba diciendo, quinientos un millones…

—¿Millones de qué?

El hombre de negocios comprendió que el principito no dejaría de preguntar. Y respondió:

—Millones de esos pequeños objetos que a veces se ven en el cielo.

—¿**Moscas**?

—¡No, no, los objetos pequeños que **brillan**!

—¿**Abejas**?

—No. Los objetos pequeños dorados que hacen **soñar** a los **holgazanes**. ¡Yo soy un hombre importante y no tengo tiempo para **holgazanear** y soñar!

—¡Ah! ¿**Te refieres a** las estrellas?

—Sí. Eso es. Estrellas.

—¿Y qué haces tú con quinientos millones de estrellas?

—Quinientos un millones seiscientos veintidós mil setecientos treinta y uno. Yo soy un hombre importante. Las sumo **con cuidado**.

—¿Y qué haces con esas estrellas?

—¿Que qué hago con ellas?

—Sí.

—Nada. Las **poseo**.

—¿Las estrellas son tuyas?

—Sí.

—Pero yo **acabo de** conocer un rey que…

—Los reyes no poseen cosas… Ellos **reinan** sobre las cosas. Es muy diferente —le dijo el hombre de negocios.

☆..

- □ bicho 虫
- □ ruido 騒音
- □ espantoso 恐ろしい
- □ cometí>cometer （間違いを）犯す
- □ me enfermé>enfermerse 病気になる（ややくだけた言い方）
- □ mosca(s) ハエ
- □ brillan>brillar 輝く
- □ abeja(s) ミツバチ
- □ soñar 夢を見る
- □ holgazanes>holgazán 怠け者
- □ holgazanear 怠ける
- □ te refieres a...>referirse a... 〜に言及する
- □ con cuidado 慎重に
- □ poseo>poseer 所有する
- □ acabo de...>acabar de... 〜したばかりである
- □ reinan>reinar 統治する

—¿De qué te **sirve** poseer las estrellas?

—Me hace ser rico.

—¿De qué te sirve ser rico?

—Ser rico me sirve para comprar más estrellas, si alguien las descubre.

"Este hombre piensa de la misma manera que el borracho", se dijo a sí mismo el principito. **No obstante**, hizo algunas preguntas más:

—¿Cómo es posible que poseas las estrellas?

—¿De quién son las estrellas? —contestó **furiosamente** el hombre de negocios.

—No sé… De nadie.

—Entonces son mías, **puesto que** he sido el primero que pensó en poseerlas.

—¿Eso es suficiente?

—Por supuesto que sí. Cuando encuentras un **diamante** que no es de nadie, el diamante es tuyo. Cuando encuentras una isla que no **pertenece a** nadie, la isla es tuya. Cuando eres el primero en tener una **idea**, es tuya. Y yo, yo poseo las estrellas puesto que nadie más **pensó** nunca **en** poseerlas.

—Eso tiene sentido —dijo el principito—. ¿Y qué haces con ellas?

—Las cuento y las **recuento** —dijo el hombre de negocios—. Es un trabajo difícil. ¡Pero yo soy un hombre importante!

El principito no **había terminado de** hacer preguntas.

—Si yo poseo una **bufanda**, puedo ponérmela al cuello y llevarla conmigo. Si yo poseo una flor, puedo recogerla y llevarla conmigo. ¡Pero tú no puedes llevar las estrellas contigo!

—No, pero puedo **colocarlas** en el banco— dijo el hombre de negocios.

—¿Qué **quiere decir** eso?

⭐ ....

☐ sirve>servir 役に立つ
☐ no obstante しかし、とはいえ
☐ furiosamente 怒って
☐ puesto que... 〜だから
☐ diamante ダイアモンド
☐ pertenecer a...>pertenecer a... 〜のものである
☐ idea アイデア
☐ pensó en...>pensar en... 〜を思いつく

☐ recuento>recontar 再び数える
☐ había terminado de> terminar de 〜を終える
☐ bufanda マフラー、襟巻き
☐ colocarlas>colocar 置く
☐ quiere decir>querer decir 〜を意味する

—Quiere decir que escribo en un papel el número de estrellas que poseo. Y luego lo **guardo bajo llave** en un lugar seguro.

—¿Y eso es todo?

—¡Es suficiente!

—Es divertido —pensó el principito—. Es una idea interesante. Pero no tiene mucho **sentido**.

El principito pensaba muy **distinto** sobre los asuntos importantes.

Le dijo al hombre de negocios:

—Yo tengo una flor a la que **riego** todos los días. Tengo tres volcanes a los que limpio una vez por semana. Soy útil para mi flor y para mis volcanes. Pero tú no eres **útil** para las estrellas.

El hombre de negocios abrió la boca, pero no **encontró** nada que decir. El principito **abandonó** ese planeta.

"Los adultos son realmente muy inusuales", se dijo a sí mismo mientras continuó su camino.

Capítulo XIV

El quinto planeta era muy extraño. Era el más pequeño de todos. Apenas había sitio para un **farol** y un **farolero**. El principito no **lograba** entender por qué, en un planeta sin casas y sin otra gente, había un farol y un farolero. Sin embargo, se dijo a sí mismo:

"Tal vez la **presencia** de este farolero sea **absurda**. Sin embargo, él es menos absurdo que el rey, el hombre vanidoso, el hombre de negocios y el borracho. **Por lo menos** el trabajo

□ guardo>guardar 保管する
□ bajo llave 鍵をかけて
□ sentido 意味
□ distinto 違った、別の
□ riego>regar 水をまく
□ útil 役に立つ
□ encontró>encontrar 見つける

□ abandonó>abandonar（場所を）離れる
□ farol 街灯
□ farolero 点灯夫
□ lograr 成し遂げる、達成する
□ presencia 存在
□ absurda>absurdo ばかげた
□ por lo menos 少なくとも

del farolero tiene sentido. Cuando **enciende** su farol, es como si creara una estrella más o una flor. Cuando lo **apaga**, es como si hiciera dormir a la estrella o a la flor. Es un trabajo muy bonito. Y es útil porque es bonito".

En cuanto llegó al planeta, el principito **saludó** al farolero:

—¡Hola! ¿Por qué apagaste tu farol?

—Esas son mis **órdenes** —respondió el farolero—. ¡Buenos días!

—¿Cuáles son las órdenes?

—Apagar el farol. ¡Buenas noches! —Y encendió el farol nuevamente.

—¿Pero por qué **recién** encendiste el farol de nuevo? —preguntó el principito.

—Esas son mis órdenes —le dijo el farolero.

—No lo comprendo —dijo el principito.

—No hay nada que comprender —respondió el farolero—. Las órdenes son órdenes. ¡Buenos días! Y apagó su farol.

Luego se limpió la cara con un **pañuelo**.

—Tengo un trabajo terrible. **Solía** tener sentido. Yo apagaba el farol por la mañana y

luego lo encendía por la noche. Tenía el resto del día para **relajarme** y el resto de la noche para dormir...

—¿Y luego cambiaron las órdenes?

—Mis órdenes no han cambiado —dijo el farolero—. ¡Ese es el problema! ¡Cada año, el planeta **gira** cada vez más rápido y mis órdenes no han cambiado!

—¿Entonces qué **ha sucedido**? —preguntó el principito.

—Ahora el planeta da una vuelta cada minuto y yo no tengo tiempo de descansar. ¡Enciendo y apago el farol una vez por minuto!

—¡Qué gracioso! ¡El día en tu planeta sólo dura un minuto!

—No tiene nada de gracioso —dijo el farolero—. Hemos estado hablando por un mes entero.

—¿Un mes?

—Sí. ¡Treinta minutos! ¡Treinta días! ¡Buenas noches! Y volvió a encender su farol.

El principito admiraba a este farolero que tan **fielmente cumplía** sus órdenes. Recordó las puestas de sol en su propio planeta y cómo **trataba de** verlas moviendo su silla. Quiso ayudar al farolero. Le dijo:

—Yo sé cómo puedes descansar cuando lo necesites…

—Siempre necesito un descanso —dijo el farolero.

Se pueden seguir órdenes y ser perezoso a la vez.

El principito prosiguió:

—Tu planeta es tan pequeño que puedes darle la **vuelta** en tres pasos. Incluso si caminas muy lentamente siempre será de día. Entonces, cuando quieras descansar, puedes caminar… y el día **durará** tanto como quieras.

⭐ ....

☐ relajarme>relajarse 休む
☐ gira>girar 回る
☐ ha sucedido>suceder 起こ
  る、生じる
☐ fielmente 忠実に
☐ cumplía>cumplir 達成する、
  果たす

☐ trataba de>tratar de ～しよ
  うとする
☐ vuelta 一周、一巡り
☐ durará>durar 続く

—Eso no me ayudará mucho —dijo el farolero—. Lo que realmente quiero hacer es dormir.

—Qué **desafortunado** —dijo el principito.

—Desafortunado —replicó el farolero—. Buenos días.

Y apagó su farol.

Mientras el principito proseguía su viaje, iba diciendo para sí: "El farolero sería despreciado por todas las personas que he conocido, el rey, el vanidoso, el borracho, el hombre de negocios. Y, sin embargo, es el único que no me parece absurdo, quizás porque es el único que está pensando en otra cosa y no en sí mismo".

El principito **suspiró** y se dijo a sí mismo:

"Él es el único que podría haber sido mi amigo. Pero su planeta es realmente demasiado pequeño. No hay lugar para dos…"

¡Al principito también le hubiera gustado quedarse en este pequeño planeta porque tenía mil cuatrocientas cuarenta puestas de sol cada veinticuatro horas!

Capítulo XV

El sexto planeta era diez veces más grande que el **anterior**. En este planeta vivía un **anciano** que escribía libros muy grandes.

—¡Bueno, aquí hay un **explorador**! —exclamó el anciano cuando vio al principito.

El principito se sentó a la mesa. Estaba cansado. ¡Había viajado ya tan lejos!

—¿De dónde vienes? —le preguntó el anciano.

—¿Qué libro es este tan grande? ¿Qué hace usted aquí? —preguntó el principito.

□ desafortunado 不幸な、残念な
□ suspiró>suspirar ため息をつく
□ anterior 前
□ anciano 老人
□ explorador 探検家

79

—Soy **geógrafo** —dijo el anciano.

—¿Qué es un geógrafo?

—Un geógrafo es una persona que sabe dónde se encuentran todos los mares, los ríos, las ciudades, las montañas y los desiertos.

—Eso es muy interesante —dijo el principito—. ¡Por fin, este es un trabajo **verdadero**!

Y **dirigió** una **mirada** por el planeta del geógrafo. Nunca había visto un planeta tan grande y hermoso.

—Su planeta es muy hermoso. ¿Hay muchos océanos?

—No lo sé —respondió el geógrafo.

—¡Oh! (El principito estaba **decepcionado**).

—¿Hay montañas?

—No lo sé —dijo el geógrafo.

—¿Y ciudades, ríos y desiertos?

—Tampoco sé eso —dijo el geógrafo.

—Pero usted es un geógrafo!

—Eso es cierto —dijo el geógrafo—. Pero no soy un explorador. No hay exploradores aquí. El trabajo de un geógrafo no es buscar ciudades, ríos, montañas, océanos o desiertos.

Un geógrafo es demasiado importante para hacer eso. Un geógrafo nunca deja su **escritorio**. Pero yo hablo con los exploradores y **tomo nota de** lo que ellos han visto. Si me interesa algo de lo que dice un explorador, entonces debo **averiguar** si el explorador es bueno o no.

—¿Por qué?

—Porque un explorador que **miente** crearía unos problemas **terribles** para los libros de geografía. **Al igual que** un explorador que bebiera demasiado.

—¿Por qué? —preguntó el principito.

—Porque los borrachos ven **doble**. Y entonces yo pondría dos montañas donde solamente debería haber una.

☆ . . . .

☐ geógrafo 地理学者
☐ verdadero 本当の
☐ dirigió>dirigir 向ける
☐ mirada 視線
☐ decepcionado>decepcionar がっかりさせる
☐ escritorio 机、事務所

☐ tomo nota de>tomar nota de ～を書き留める
☐ averiguar 調査する、確認する
☐ miente>mentir 嘘をつく
☐ terrible(s) 恐ろしい
☐ al igual que... ～と同様に
☐ doble 二重に

—Conozco a alguien que sería un mal explorador —dijo el principito.

—Es posible. Entonces, una vez que sé que el explorador es bueno, debo investigar su **descubrimiento**. —¿Va allí a ver?

—No. Eso sería **complicado**. Pero el explorador debe **demostrarme** que su descubrimiento es real. Si el explorador ha descubierto una gran montaña, entonces le **exijo** que me muestre algunas piedras grandes.

De pronto el geógrafo **se entusiasmó**. Exclamó: —¡Pero tú vienes de muy lejos! ¡Tú eres un explorador! ¡Debes contarme sobre tu planeta!

El geógrafo abrió su libro y sacó su lápiz. Siempre escribía primero con lápiz. Esperaba hasta que el explorador demostrara su descubrimiento para escribir con un bolígrafo.

—¿Entonces? —dijo el geógrafo.

—¡Oh! Mi hogar no es muy interesante —dijo el principito—. Es muy pequeño. Tengo tres volcanes. Dos están activos y uno está inactivo. Pero nunca se sabe.

—Nunca se sabe —dijo el geógrafo.

—También tengo una flor.

—No escribo sobre las flores —dijo el geógrafo.

—¿Por qué no? ¡Son tan hermosas!

—Porque las flores son **efímeras**.

—¿Qué quiere decir con 'efímeras'?

—Los libros de geografía son los libros más importantes de todos —dijo el geógrafo—. Nunca se vuelven **obsoletos**. Es muy inusual que una montaña cambie de sitio. Es muy inusual que un océano **se seque**. Los geógrafos escribimos sobre cosas que nunca cambian.

—Pero un volcán inactivo puede volver a despertarse —dijo el principito—. ¿Qué quiere decir con 'efímera'?

☆ ....
- [ ] descubrimiento 発見
- [ ] complicado 難しい、複雑な
- [ ] demostrarme>demostrar 示す
- [ ] exijo>exigir 要求する
- [ ] se entusiasmó>entusiasmarse 熱狂する
- [ ] efímeras>efímero はかない、つかの間の
- [ ] obsoleto 時代遅れの、古い
- [ ] se seque>secarse 乾く

—A los geógrafos no nos importa si un volcán está inactivo o activo. Lo que nos importa es la montaña. Esta no cambia.

—Pero, ¿qué significa 'efímera'? —**exigió** el principito. Una vez que había hecho una pregunta, nunca se daba por vencido.

—Significa 'algo que no va a **durar**'.

—¿Mi flor no va a durar?

—Así es.

"Mi flor es efímera", se dijo el principito a sí mismo. "¡Ella solo tiene cuatro espinas para protegerse del mundo! Y la dejé completamente sola".

De pronto deseó no haberse ido. Pero intentó ser **valiente**:

—¿Qué planeta debería visitar? —le preguntó al geógrafo.

—El planeta Tierra —le contestó el geógrafo —. Es un planeta muy **prestigioso**.

Y el principito partió, pensando en su flor.

Capítulo XVI

Y, así, el séptimo planeta que visitó el principito fue la Tierra.

¡El planeta Tierra es un planeta bastante interesante! Hay ciento once reyes, siete mil geógrafos, novecientos mil hombres de negocios, siete millones y medio de borrachos, trescientos once millones de gente vanidosa. En total, hay alrededor de dos mil millones de adultos.

Para daros una idea del **tamaño** de la Tierra, os diré que, antes de la **invención** de la **electricidad**, había cerca de cuatrocientos sesenta y dos mil quinientos once faroleros.

☆ ....

□ exigió>exigir 要求する   □ tamaño 大きさ、寸法
□ durar 長持ちする   □ invención 発明
□ valiente 勇敢な   □ electricidad 電気
□ prestigioso 名声のある

Vistos desde muy **arriba** en el cielo, **proporcionaban** una imagen **bellísima** de la Tierra. Estos faroleros trabajaban juntos como **bailarines** en un gran **escenario**. Para comenzar, los faroleros en Nueva Zelandia y Australia encendían sus faroles antes de irse a dormir. A continuación, los faroleros de China y Siberia encendían sus faroles. Luego, los faroleros de Rusia y la India. Después los de África y Europa. Luego los de América del Sur y, finalmente, los de América del Norte. Y estos faroleros nunca encendían sus faroles en el orden **equivocado**. Su danza era perfecta. Era algo hermoso de ver.

Los únicos faroleros con trabajos **sencillos** eran los faroleros del Polo Norte y del Polo Sur: solo trabajaban dos veces al año.

☆ ....

- □ arriba 上の
- □ proporcionaban> proporcionar もたらす、引き 起こす
- □ bellísima：bello (美しい) の最 上級女性形
- □ bailarines>bailarín 踊り手
- □ escenario 舞台
- □ equivocado 間違った
- □ sencillo(s) 簡単な

Capítulo XVII

Cuando quiero ser **ocurrente** o **ingenioso**, a veces digo una pequeña mentira. No he sido completamente **honesto** al escribir sobre los faroleros. Corro el **riesgo** de confundir a la gente que no conoce bien nuestro planeta. **De hecho**, las personas **ocupan** muy poco **espacio** en la Tierra. Si los dos mil millones de personas que viven aquí **se pararan juntas** en un solo lugar, **cabrían con facilidad** en un **área** de veinte kilómetros de largo por veinte de **ancho**. Toda la gente de la Tierra podría caber junta en una pequeña isla del océano Pacífico.

☆ ....

- [ ] ocurrente ユーモアにあふれた
- [ ] ingenioso 機知に富んだ
- [ ] honesto 正直な
- [ ] riesgo 危険
- [ ] de hecho 実際
- [ ] ocupan>ocupar 占める
- [ ] espacio 空間
- [ ] se pararan>pararse 立ち止まる、立つ
- [ ] juntas>junto 近くに
- [ ] cabrían>caber 容量がある、入る
- [ ] con facilidad たやすく
- [ ] área 範囲、面積
- [ ] ancho 幅

Por supuesto que los adultos no creen esto. A ellos les gusta pensar que ocupan mucho espacio. Ellos creen que son grandes e importantes, como los baobabs. Pero no vamos a perder nuestro tiempo preocupándonos por ellos. No hay razón. Vosotros me creéis.

Una vez que llegó a la Tierra, el principito estaba muy sorprendido de estar solo. No vio a nadie. Tenía miedo de haber llegado al planeta **equivocado**. Luego vio algo dorado que se movía en la **arena**.

—¡Buenas noches! —dijo el principito.

—¡Buenas noches! —dijo la **serpiente**.

—¿Cuál es este planeta? —preguntó el principito.

—Estás en la Tierra, en África —dijo la serpiente.

—¡Oh! ¿Entonces en la Tierra no vive nadie?

—Esto es el desierto. Nadie vive en el desierto. La Tierra es muy grande —respondió la serpiente.

El principito se sentó en una piedra. Miró hacia el cielo:

—Yo me pregunto si las estrellas brillan para que todos puedan encontrar la suya algún día —dijo—. Mira mi planeta. Está **justo** encima de nosotros… Pero, ¡qué lejos está!

—Es muy hermoso —dijo la serpiente—. ¿Entonces por qué has venido aquí?

⭐ ....

☐ equivocado　間違った
☐ arena　砂
☐ serpiente　ヘビ
☐ justo　ちょうど

—Tenía problemas con una flor —dijo el principito.

—Ah —dijo la serpiente.

Ninguno de los dos dijo nada.

—¿Dónde está toda la gente? —preguntó finalmente el principito—. Estoy solo en el desierto…

—También se está solo entre la gente —dijo la serpiente.

El principito miró a la serpiente por un largo **rato.**

—Eres un animal de **aspecto** extraño —le dijo a la serpiente—. Eres larga y delgada como un **dedo**…

—Pero soy más **poderosa** que el dedo de un rey —dijo la serpiente.

El principito sonrió:

—¿Cómo puedes ser poderosa? … Ni siquiera tienes pies… no puedes moverte con facilidad.

—Puedo llevarte muy, muy lejos —dijo la serpiente y **se enroscó** alrededor del **tobillo** del principito como un **brazalete** dorado—. A quien toco, le hago volver a la tierra de donde vino.

□ rato しばらくの間、ひととき
□ aspecto 外観、見た目
□ dedo 指
□ poderosa>poderoso 強力な

□ se enroscó>enroscarse とぐ
　ろ状に巻く
□ tobillo 足首
□ brazalete ブレスレット

Pero tú eres puro. Vienes de una estrella…

El principito no dijo nada.

—Siento pena por ti. Eres tan débil y estás solo en la Tierra. Si algún día echas de menos a tu planeta, tal vez pueda ayudarte. Puedo…

—¡Oh! Comprendo —dijo el principito—. Pero ¿por qué siempre hablas en forma de **adivinanzas**?

—Yo resuelvo todas las adivinanzas —dijo la serpiente. Y ambos se callaron.

Capítulo XVIII

El principito **atravesó** el desierto. No encontró a nadie, excepto a una flor. Apenas era una flor, solo tenía tres pétalos…

—Hola —dijo el principito.

—Hola —dijo la flor.

—¿Has visto a alguien? —preguntó el principito.

La flor había visto pasar a unos viajeros una vez.

—¿Personas? He visto algunas, creo, unas seis o siete. Les vi hace años. Pero no sé dónde están. El viento les lleva por aquí y por allá. No tienen **raíces**. Eso debe ser muy difícil.

—Adiós —dijo el principito.

—Adiós —dijo la flor.

- adivinanza(s) 謎、クイズ
- atravesó>atravesar 横切る
- raíces>raíz 根

Capítulo XIX

El principito **escaló** hasta una montaña alta. Las únicas montañas que había conocido eran sus tres volcanes, que le llegaban a la **rodilla**. Había utilizado el volcán inactivo como silla.

"Desde una montaña tan alta debería poder ver todo el planeta y toda la gente…", se dijo a sí mismo. Pero todo lo que pudo ver fueron rocas y otras montañas.

—Hola —gritó.

—Hola… hola… hola… —respondió el **eco**.

—¿Quién eres? —preguntó el principito.

—¿Quién eres?… ¿Quién eres?… ¿Quién eres? —respondió el eco.

—Sed mis amigos. Estoy solo —dijo él.

—Estoy solo… estoy solo… estoy solo… —respondió el eco.

"¡Qué planeta más raro!", pensó el principito. "Es seco y lleno de montañas. Y la gente aquí no es muy interesante. Repite cualquier cosa que dices. En casa, tenía una flor: ella siempre era la primera en hablarme…"

☆ ....
- [ ] escaló>escalar 登る
- [ ] rodilla(s) 膝
- [ ] eco 山びこ、こだま

Capítulo XX

Después de un largo tiempo, el principito encontró un camino. Y los caminos llevan al mundo de la gente.

—Hola —dijo el principito. Estaba en un jardín de rosas.

—Hola —dijeron las rosas.

El principito las miró. Eran como su flor.

—¿Vosotras quiénes sois? —exigió él, sintiéndose **escandalizado**.

—Somos rosas —dijeron las rosas.

—Oh! —dijo el principito.

Y se sintió muy triste. Su flor le había dicho que era única, la única en el **universo**. ¡Y aquí había cinco mil flores que se parecían a ella, en un solo jardín!

"Si mi flor viera esto, se sentiría muy **infeliz**", se dijo a sí mismo. "Tosería y **simularía** morir para **escapar de** las **burlas**. Y yo tendría que simular creerle. De otra forma, es posible que realmente se dejara morir…"

Luego se dijo a sí mismo: "Yo pensé que era rico. Pensé que tenía una flor especial, pero en realidad ella es una rosa **común**. Con respecto a mis tres volcanes, son muy pequeños y uno de ellos está inactivo. No soy tan príncipe como yo creía…"

Y lloró y lloró.

- □ exigió （答えを)求める、要求する
- □ escandalizado>escandalizar ショックを与える
- □ universo 宇宙
- □ infeliz 不幸な
- □ simularía>simular 〜のふりをする
- □ escapar de 〜を逃れる
- □ burla(s) あざけり
- □ común ありふれた

Capítulo XXI

Fue entonces cuando apareció el **zorro**.

—Hola —dijo el zorro.

—Hola —respondió el principito. A pesar de que se volvió, no vio a nadie.

—Estoy aquí —dijo una voz bajo el **manzano**.

—¿Quién eres? —dijo el principito—. Eres muy hermoso.

—Soy un zorro —dijo el zorro.

—Ven a jugar conmigo —dijo el principito—. Estoy muy triste.

—No puedo jugar contigo —respondió el zorro—. No estoy **domesticado**.

—¡Oh, discúlpame! —dijo el principito. Después de pensarlo un poco, **añadió**: —¿Qué significa 'domesticado'?

—Tú no eres de aquí —dijo el zorro—. ¿Qué haces aquí?

—Estoy buscando gente —dijo el principito—. ¿Qué significa 'domesticado'?

—La gente tiene **armas** y va de **caza** —dijo el zorro—. ¡Es muy **molesto**! También cría **gallinas**. Es todo lo que hace. ¿Tú estás buscando gallinas?

—No —dijo el principito—. Estoy buscando amigos. ¿Qué significa 'domesticado'?

—Significa algo que mucha gente ha olvidado —dijo el zorro—. 'Domesticar' significa 'crear **lazos** o formar un **vínculo**'. Ahora mismo, para mí, tu eres un niño pequeño como miles de otros

---

☆ ....

□ zorro キツネ
□ manzano リンゴの木
□ domesticado>domesticar 飼い慣らす
□ añadió>añadir 付け加える
□ arma(s) 武器

□ caza 猟
□ molesto 迷惑な
□ gallina(s) ニワトリ
□ lazo(s) つながり、きずな
□ vínculo きずな、交流

niños pequeños. No te necesito. Y tú tampoco me necesitas a mí. Para ti, soy un zorro como miles de otros zorros. Pero si me domesticas, entonces nos necesitaremos el uno al otro. Para mí, serás único, **irreemplazable**. Serás diferente a todo el resto del mundo. Y yo seré único para ti...

—Creo que estoy comenzando a entender —dijo el principito—. Había una vez una flor... creo que ella me domesticó...

—Es posible —dijo el zorro—. En la Tierra son posibles muchas cosas.

—¡Oh, esto no sucedió en la Tierra! —dijo el principito.

El zorro lo miró con interés:

—¿Sucedió en otro planeta?

—Sí.

—¿Hay **cazadores** en ese planeta?

—No.

—¡Qué interesante! ¿Hay gallinas?

—No.

—Nada es perfecto —suspiró el zorro.

Comenzó a hablar nuevamente:

—Mi vida es siempre la misma. Yo cazo gallinas y la gente me caza a mí. Todas las gallinas se ven iguales y toda la gente se ve igual. Por lo tanto, me aburro bastante. Pero si me domesticas, entonces mi vida estará llena de sol. Cuando escuche los pasos de otras personas, correré y **me esconderé**. Pero tus pasos **sonarán**

☆ ....

□ irreemplazable かけがえのない
□ cazador(es) 猟師
□ se esconderé>esconderse 隠れる
□ sonarán>sonar 聞こえる

distintos. Al escucharlos, tus pasos sonarán como música para mí. **Me acercaré** y te saludaré. ¡Y mira! ¿Ves aquel campo de **trigo** por allí? El trigo no es importante para mí porque no como pan. El trigo no me hace pensar en nada. ¡Y eso es lamentable! Pero tú tienes cabellos dorados. ¡Será tan maravilloso cuando me hayas domesticado! El trigo dorado me hará pensar en ti. Y me encantará escuchar el sonido del viento en el trigo…

Luego el zorro se quedó en silencio. Miró al principito por un rato largo. Finalmente dijo:

—Por favor, ¡domestícame!

—Me gustaría mucho eso —respondió el principito—. Pero no tengo mucho tiempo. Tengo que hacer amigos y aprender muchas cosas.

—Solo conocemos realmente las cosas que hemos domesticado —dijo el zorro—. Hoy en día la gente está demasiado ocupada para conocer cualquier cosa. Van a las tiendas a comprar cosas que ya están hechas. Pero debido a que no hay tiendas para comprar amigos, la gente ya no tiene amigos. Si quieres un amigo, ¡domestícame!

—¿Qué debo hacer? —preguntó el principito.

—Debes ser muy **paciente** —le dijo el zorro—. Primero, debes sentarte en la **hierba**, más bien lejos de mí. Yo te miraré atentamente. Tú no dirás una palabra. Todos los **malentendidos** se deben a las conversaciones. Pero cada día podrás sentarte un poco más cerca de mi…

El principito regresó al día siguiente.

—Sería mejor que regresaras cada día a la misma hora —dijo el zorro—. Si siempre vienes a las cuatro de la tarde, comenzaré a sentirme feliz alrededor de las tres. Cuanto más cerca esté de las cuatro, más feliz me sentiré. ¡A las cuatro estaré muy **emocionado**! ¡Sabré qué es la **felicidad**! Pero si vienes a una hora distinta cada

---

☆ ....

□ distinto(s) 異なった、別の
□ me acercaré>acercarse 近づく
□ trigo 麦
□ paciente 辛抱強い

□ hierba 草
□ malentendido(s) 誤解
□ emocionado わくわくする
□ felicidad 幸せ

día, no sabría cuando comenzar a prepararme para estar feliz... Debemos tener un **ritual**.

—¿Qué es un ritual? —preguntó el principito.

—Eso es también algo que mucha gente ha olvidado —dijo el zorro—. Un ritual es lo que hace que un día sea distinto a otro o una hora distinta a otras horas. Por ejemplo, mis cazadores tienen un ritual. Cada jueves, van a bailar con las muchachas del pueblo. ¡Es por eso que cada jueves es un día maravilloso! Puedo ir a pasear por todos lados. Si los cazadores bailaran todo el tiempo, entonces cada día **se asemejaría** a los otros y yo nunca tendría vacaciones.

Y así el principito domesticó al zorro. Cuando finalmente llegó el momento de que el principito se fuera, el zorro dijo:

—¡Oh! Voy a llorar...

—Eso es **obra** tuya —respondió el principito—. Yo no quería lastimarte. Pero me pediste que te domesticara...

—Por supuesto —dijo el zorro.

—¡Pero llorarás!

—Por supuesto.

—Entonces ¿qué **obtienes** de todo esto? ¿Por qué has hecho esto? ¿Cuál es tu **motivo**? —preguntó el principito.

☐ ritual　儀式、ならわし
☐ se asemejaría>asemejarse　似る
☐ obra　仕事、成果
☐ obtienes>obtener　手に入れる
☐ motivo　動機

—Mi motivo se encuentra en el color dorado del trigo —respondió el zorro.

Luego añadió:

—Regresa a ver las rosas. Verás que la tuya es única. Luego regresa aquí y dime adiós, y yo te diré un **secreto**. Será mi regalo para ti.

El principito regresó y miró a las rosas.

—Vosotras no sois en absoluto como mi rosa. No sois como ella en nada —les dijo a las rosas—. Nadie os ha domesticado y vosotras nunca habéis domesticado a nadie. Mi zorro alguna vez fue como vosotras. Él era un zorro como miles de otros zorros. Pero yo lo convertí en mi amigo y ahora no hay nadie como él en todo el mundo.

Las rosas no estaban **contentas**.

—Vosotras sois hermosas, pero estáis **vacías** —les dijo el principito—. Nadie moriría por vosotras. Por supuesto, una persona común puede pensar que mi rosa se ve como vosotras. Pero yo sé que ella es más importante que vosotras porque ella es a quien yo cuidé. Porque ella es a quien yo puse debajo de un globo.

Porque ella es a quien yo **protegí** del frío. Porque ella es por quien yo **maté** a las orugas (excepto dos o tres que se convertirán en mariposas). Porque ella es quien habló conmigo y quien estuvo en silencio conmigo. Porque ella es mi rosa.

Luego regresó al zorro.

—Adiós —dijo el principito.

—Adiós —dijo el zorro—. Este es mi secreto. Es muy simple: nosotros no vemos claramente, excepto cuando miramos con el corazón. Las cosas que son más importantes no pueden ser vistas con nuestros ojos.

☆ ....

☐ secreto 秘密
☐ contentas>contento 満足した
☐ vacías>vacío 空っぽの
☐ protegí>proteger 保護する
☐ maté>matar 殺す

—Las cosas que son más importantes no pueden ser vistas con nuestros ojos —repitió el principito. Quería **asegurarse de** que recordaría esto.

—Es el tiempo que **has empleado** en tu rosa lo que la ha hecho tan importante.

—Es el tiempo que **empleé** en mi rosa... —repitió el principito. Quería recordar esto.

—La gente ha olvidado esta **verdad** —dijo el zorro—. Pero tú no debes olvidarla. Eres responsable para siempre de lo que has domesticado. Tú eres responsable de tu rosa...

—Yo soy responsable de mi rosa... —repitió el principito. Quería recordarlo.

Capítulo XXII

—¡Buenos días! —dijo el principito.

—¡Buenos días! —dijo el **guardavía**.

—¿Qué estás haciendo aquí? —preguntó el principito.

—Hago **circular** a los **viajeros**. Hago circular a miles de viajeros al mismo tiempo —dijo el guardavía—. Hago circular los trenes en los que ellos viajan. Algunos trenes van hacia la derecha. Otros van hacia la izquierda.

Y entonces un tren intensamente **iluminado** se apresuró. Hizo un ruido como un **trueno**. Hizo **temblar** la **caseta** del guardavía. —Esas personas están **apuradas** —dijo el principito—. ¿Qué están buscando?

—Ni siquiera el hombre que **conduce** el tren lo sabe —dijo el guardavía.

Luego se apresuró un segundo tren. Estaba viajando en la dirección **inversa**.

☆ ....
□ asegurarse de 〜を確かめる、確認する
□ has empleado, empleé>emplear 費やす、用いる
□ verdad 真実
□ guardavía 保線夫、信号手
□ circular 通行する、往来する
□ viajero(s) 旅行者
□ iluminado>iluminar 明るくする、照明で照らす
□ trueno 雷
□ temblar 震える
□ caseta 小屋
□ apuradas>apurado 急いで
□ conduce>conducir 運転する
□ inversa>inverso 逆の

—¿Ya están regresando? —preguntó el principito.

—Esa no es la misma gente —dijo el guardavía—. Eso fue un cambio.

—¿Esa gente no estaba feliz donde estaba?

—La gente nunca está feliz en el sitio donde está —respondió el guardavía.

Un tercer tren se apresuró.

—¿Están tratando de alcanzar al primer grupo de viajeros? —preguntó el principito.

—No están tratando de hacer nada —dijo el guardavía—. Simplemente duermen en el tren o bostezan. Solo los niños **aplastan** sus caras contra las ventanas.

—Los niños son los únicos que saben que es lo que están buscando —dijo el principito—. Pasan tiempo cuidando de una **muñeca** y la muñeca se vuelve importante para ellos. Luego si alguien les **quita** la muñeca, lloran…

—Tienen suerte —dijo el guardavía.

Capítulo XXIII

—¡Buenos días! —dijo el principito.

—¡Buenos días! —dijo el vendedor.

El **vendedor** vendía **píldoras** especiales. Las píldoras hacían que la gente no tuviera sed. Si tomaseis una píldora por semana, nunca necesitaríais un trago de agua.

—¿Por qué vendes esas píldoras? —preguntó el principito.

☆ ....

□ aplastan>aplastar 押しつぶす
□ muñeca 人形
□ quita>quitar 奪う
□ vendedor セールスマン、売り手
□ píldora(s) 丸薬

—**Ahorran** mucho tiempo —dijo el vendedor—. Los **científicos** han hecho los **cálculos**. Estas píldoras ahorran cincuenta y tres minutos cada semana.

—¿Qué hace la gente con estos cincuenta y tres minutos?

—Hacen lo que quieren…

El principito se dijo a sí mismo: "Si yo tuviera esos cincuenta y tres minutos, caminaría **lentamente** hacia un pozo de agua fresca".

Capítulo XXIV

Habían pasado ocho días desde el accidente **aéreo**. Mientras escuchaba la **historia** del principito sobre el vendedor, tomé mi última **gota** de agua.

—¡Ah! —dije al principito—. Tus recuerdos son muy interesantes, pero yo no he reparado mi avión. Y no tengo más agua para beber. ¡Sería muy feliz si pudiera caminar lentamente hacia un pozo de agua fresca!

—Mi amigo el zorro me dijo…

—Pero mi pequeño y querido amigo, ¡esto no tiene nada que ver con un zorro!

—¿Por qué?

☆ ....

☐ ahorran>ahorrar 節約する
☐ científico(s) 科学者
☐ cálculo(s) 計算
☐ lentamente ゆっくり

☐ aéreo 飛行機の
☐ historia 物語
☐ gota しずく、一滴

—Porque nos vamos a morir de **sed**...

Él no comprendió. Dijo: —Es bueno haber tenido un amigo, aún si uno va a morir. Yo estoy muy contento de haber tenido un zorro como amigo...

"No comprende el peligro", me dije a mi mismo. "Nunca tiene hambre ni sed. Todo lo que necesita es un poco de luz solar..."

Pero luego me miró y respondió a mis **pensamientos**:

—Tengo sed también... Vamos a buscar un pozo de agua fresca...

Me sentía cansado. Pensé que era **tonto** buscar un pozo en el desierto. El desierto era tan grande. No sabíamos dónde buscar. Sin embargo, comenzamos a caminar.

Caminamos durante horas y no hablamos. Llegó la noche y aparecieron las estrellas. Me sentía bastante **enfermo** a causa de la sed. Todo parecía como un sueño. Las palabras del principito danzaban en mi cabeza.

—Entonces, ¿tú también tienes sed? —le pregunté.

Pero no me respondió. Simplemente dijo:

—El agua también es buena para el corazón…

No comprendí. Aun así, no pregunté qué quiso decir… Sabía que no había necesidad.

Él estaba cansado y se sentó. Me senté junto a él. Después de un rato, él dijo:

—Las estrellas son hermosas. Son hermosas porque en algún sitio hay una flor que no puedo ver desde aquí…

—Sí —dije, y miré a la arena iluminada por la luna.

—El desierto es hermoso —observó el principito.

Y tenía razón. A mí siempre me ha gustado el desierto. En el desierto, te sientas en la arena. No ves nada. No oyes nada. Y sin embargo algo hermoso llena el silencio…

☆ ....
- [ ] sed のどの渇き
- [ ] pensamiento(s) 考え
- [ ] tonto ばかばかしい
- [ ] enfermo 気分が悪く、病気の

—El desierto es hermoso —dijo el principito—, porque hay un pozo **oculto** en algún sitio…

De pronto comprendí por qué el desierto era hermoso. Cuando yo era un niño pequeño vivía en una casa muy vieja. La gente siempre había creído que en la casa había un tesoro escondido. Por supuesto, nunca nadie lo encontró. Quizás nadie lo había buscado realmente. Pero la historia del tesoro llenaba la casa y la hacía hermosa. Mi casa tenía un secreto oculto en el **fondo** de su corazón…

—Sí —le dije al principito—. No importa si estamos hablado sobre casas o estrellas o el desierto. ¡Lo que les hace hermosos no se puede ver con los ojos!

—**Me alegra que** estés de acuerdo con mi amigo el zorro —dijo él. Luego el principito se durmió. Lo levanté. Lo **sostuve** en mis brazos mientras caminaba. Mi corazón estaba pleno. Sentí que estaba llevando un **frágil tesoro**. Sentí que no había nada más frágil sobre la Tierra. A la luz de la luna, miré su rostro **pálido**, sus ojos cerrados y su cabello moviéndose **suavemente** por el viento. Me dije a mi mismo: "Lo que veo aquí es solo un **caparazón**. La parte más importante está oculta a los ojos…"

Al ver sus **labios** a medio sonreír mientras dormía, me dije a mi mismo: "El amor sincero del principito por su flor me llena el corazón. Su amor **resplandece** desde adentro suyo, como la luz de una **lámpara**. Resplandece incluso cuando está dormido…" Y entonces me pareció aún más frágil. Esa luz debe protegerse: incluso un poquito de viento puede apagarla…

Esa mañana, temprano, **encontré** el pozo.

☆ ....

□ oculto 隠れた
□ fondo 奥、底
□ me alegra que…>alegrarse que… 〜でうれしい
□ sostuve>sostener 支える
□ frágil もろい
□ tesoro 宝物
□ pálido 青白い

□ suavemente 軽く、そっと
□ caparazón 殻、甲羅
□ labio(s) 唇
□ resplandece>resplandecer 輝く
□ lámpara ランプ
□ encontré>encontrar 見つける

Capítulo XXV

—La gente se apura para subirse a los trenes —dijo el principito—. Pero no saben qué es lo están buscando. Entonces se enfadan. Luego corren en **círculos**...

Añadió:

—No hay razón para hacer eso...

El pozo que encontramos no se parecía a la mayoría de los pozos en el Sahara. La mayoría de los pozos del desierto son simples **agujeros excavados** en la arena. Este se parecía a un pozo de una aldea. Pero no había ninguna **aldea** aquí. Pensé que estaba soñando.

—Es extraño —le dije al principito—. Todo está listo: la **polea**, el **cubo** y la **cuerda**...

Se rio y recogió la cuerda. Comenzó a hacer **funcionar** la polea. Esta hizo un sonido **gimiente** como una **veleta** cuando el viento ha estado dormido por mucho tiempo.

—¿Oyes eso? —dijo el principito—. Hemos

despertado al pozo. Ahora está cantando…

No quería que hiciera todo el trabajo él solo:

—Déjame hacerlo a mí —le dije—. Es demasiado **pesado** para ti.

⭐ ....

☐ círculo(s) 円
☐ agujero(s) 穴、裂け目
☐ excavados>excavar 掘る
☐ aldea 村、集落
☐ polea 滑車
☐ cubo バケツ

☐ cuerda なわ、ロープ
☐ funcionar 働く、機能する
☐ gimiente きしんで（>gemir うめく）
☐ veleta 風見鶏
☐ pesado 重い

119

Subí el cubo lentamente. Lo dejé sobre el **borde** del pozo. Todavía podía oír a la polea cantando en mis oídos. Todavía podía ver la luz del sol brillando sobre el agua.

—Tengo sed de esta agua —dijo el principito—. Dame de beber un poco…

¡Y entonces comprendí lo que él estaba buscando!

Subí el cubo a sus labios. Él cerró sus ojos y bebió. El agua era **dulce**. Beberla era como una fiesta. Esta agua era más que una bebida. Era dulce por nuestro caminar bajo las estrellas, por el canto de la polea, por el **esfuerzo** de mis brazos. Esta agua era buena para el corazón. Era como un **regalo**. Me **recordó** a la **época navideña** cuando yo era un niño pequeño, y cómo las luces del árbol de Navidad y la música de la **misa** de medianoche, todo creaba la alegría que era mi regalo de Navidad.

El principito dijo:

—Las personas en este planeta **cultivan** cinco mil rosas en un solo jardín… y aun así no pueden encontrar lo que están buscando…

—No lo encuentran —**reconocí**.

—Y, sin embargo, lo que están buscando se puede encontrar en una sola rosa o en un simple **trago** de agua …

—Por supuesto —dije.

—Pero nuestros ojos no lo pueden ver. Debemos mirar con nuestros corazones.

Yo había bebido algo de agua. Me sentía mejor. Bajo el sol de la mañana, la arena del desierto es de color **miel**. Estaba contento de mirarla. Entonces, ¿por qué me sentía triste?

—Debes cumplir tu promesa —dijo el principito amablemente. Estaba sentado junto a mí.

☆ ....

□ borde ふち
□ dulce 甘い
□ esfuerzo 頑張り、努力
□ regalo 贈り物
□ recordó>recordar 思い出させる
□ época 季節、シーズン
□ navideña>navideño クリスマスの
□ misa ミサ
□ cultivan>cultivar 植える
□ reconocí>reconocer 認める
□ trago 一杯、一口
□ miel はちみつ（の）

—¿Qué promesa?

—Ya sabes… el bozal para mi cordero… soy responsable de mi flor.

Saqué mis dibujos del bolsillo. El principito los vio y comenzó a reír:

—Tus baobabs parecen **repollos**…

—¡Oh! —¡Yo estaba tan orgulloso de mis baobabs!

—Y tu zorro… sus orejas… parecen un poco como cuernos… ¡y son demasiado largas!

Se volvió a reír. Yo le dije:

—No eres **justo**, mi pequeño amigo. Solo puedo dibujar el interior y exterior de serpientes boas.

—¡Oh! Eso está bien —dijo él—. Los niños entenderán.

Dibujé un bozal para su cordero. Pero mi corazón estaba **extrañamente** triste. Le dije:

—Tienes planes que no has compartido conmigo…

Pero no respondió. En cambio, dijo:

—¿Sabes? Mañana hará un año desde mi caída en la Tierra…

Luego, después de un momento, dijo:

—El sitio donde caí está muy cerca de aquí…
—Su rostro se sonrosó.

Y de nuevo, sin comprender por qué, me sentí extrañamente triste. Le hice esta pregunta:

—Entonces, en la mañana que te conocí, ¿no estabas caminando por casualidad por el desierto? ¿Estabas regresando al sitio donde caíste?

El rostro del principito estaba muy sonrosado.

Aún estaba ruborizado. Yo añadí:

—¿Tal vez estabas regresando porque hace ya un año desde que caíste en la Tierra?

Él nunca contestaba mis preguntas. Pero cuando alguien se ruboriza, eso significa "Sí", ¿no es cierto?

☆ ....

☐ repollo(s) キャベツ
☐ justo 公平な
☐ extrañamente 不思議と、なぜか

—Oh —dije—. Tengo miedo por ti…

Pero él me dijo:

—Deberías irte ahora. Regresa y trabaja en tu avión. Te esperare aquí. Vuelve mañana por la noche…

No me sentía mejor. Recordé al zorro. Corremos peligro de sentirnos tristes si permitimos que nos domestiquen…

Capítulo XXVI

Junto al pozo había un viejo **muro** de piedras. Cuando volví la noche siguiente, pude ver a mi principito sentado en la **pared**. Y le pude oír decir:

—¿No te acuerdas? ¡No era exactamente aquí!

Alguien más le debe haber respondido porque luego él dijo: —¡Oh, sí, sí! ¡**Definitivamente** hoy es el día, pero este no es el lugar…!

Continué caminando hacia el muro. No vi

ni oí a nadie, excepto al principito. Aun así, él volvió a hablar:

—… ¡Por supuesto! Verás mis **huellas** en la arena. Todo lo que tienes que hacer es esperarme. Estaré allí esta noche.

Yo estaba a veinte metros del muro. Aún no podía ver a nadie.

Un momento después, el principito preguntó:

—¿Tienes un buen **veneno**? ¿Estás segura de que no sufriré por mucho tiempo?

Me detuve. Mi corazón estaba **congelado**, pero aún no comprendía.

—Ahora vete —dijo él—. Quiero bajarme de este muro.

☆ ....

□ muro 壁　　　　　　　　　　□ veneno 毒
□ pared 壁、へい　　　　　　□ me detuve>detenerse 立ち止
□ definitivamente きっと　　　　まる
□ huella(s) 足跡、形跡　　　　□ congelado 凍った、冷凍の

Luego miré al pie del muro. ¡Di un **brinco** por la **conmoción**!

Mirando al principito, había una de esas serpientes amarillas que te pueden matar en treinta segundos. **Cogí** mi arma y corrí hacia el muro. Pero al escuchar el ruido, la serpiente **se deslizó** suavemente por la arena y desapareció entre las piedras.

Llegué al muro y cogí al principito en mis brazos. Su rostro estaba blanco como la nieve.

—¿Qué sucede aquí? ¿Por qué estás hablando con serpientes?

Desaté su bufanda. **Limpié** su frente. Le hice tomar un poco de agua. Pero tenía miedo de hacerle más preguntas. Él me miró. Luego puso sus brazos alrededor de mi cuello. Pude escuchar su corazón **latir**. Sonaba como el corazón de un pájaro **moribundo** al que le **han disparado**.

Él dijo:

—Estoy contento de que hayas arreglado tu avión. Ahora puedes irte a casa…

—¿Cómo supiste eso? —**clamé**. ¡Estaba a punto de decirle que finalmente había arreglado mi avión!

Él no me respondió, pero dijo:

—También yo vuelvo a casa hoy…

☆ ....

□ brinco 跳躍
□ conmoción 衝撃
□ cogí>coger 手に取る、つかむ
□ se deslizó>deslizarse すべる
□ desaté>desatar ほどく
□ limpié>limpiar きれいにする

□ latir 鼓動する
□ moribundo 瀕死の
□ han disparado>disparar 撃つ
□ clamé>clamar 叫ぶ

Con tristeza, añadió:

—Es mucho más lejos… será mucho más difícil…

Algo extraño y terrible estaba sucediendo. Sostuve al principito en mis brazos como a un bebé. Pero sentí que, de alguna manera, sin importar lo que yo hiciera, él estaba **escabulléndose**.

Sus ojos estaban tristes. Parecía como si estuviera **ensimismado, alejado.**

Yo dije: —Tengo tu cordero. Y tengo la caja para tu cordero. Y el bozal…

Él sonrió tristemente.

Esperé durante un rato largo. Pensé que se veía mejor.

Yo dije:

—Mi pequeño amigo, estabas **asustado**…

¡Por supuesto que había estado asustado! Pero él rio dulcemente y dijo:

—Estaré mucho más asustado esta noche…

Nuevamente, quedé **helado** por el miedo. Y comprendí lo horrible que me sentiría si nunca más volvía a escuchar su risa. Para mí, esa risa era como un pozo de agua fresca en el desierto.

—Mi pequeño amigo, quiero escuchar tu risa de nuevo…

Pero él me dijo:

—Esta noche hará un año desde que llegué aquí. Mi estrella se encontrará **precisamente** arriba del lugar donde caí hace un año…

—Por favor, dime que esta historia de la serpiente y la estrella es sólo una **pesadilla**.

Pero él no respondió a mi pregunta. Me dijo:

—Las cosas que son más importantes no se pueden ver…

—Por supuesto…

—Es como mi flor. Si amas una flor que vive en una estrella, te hace feliz mirar al cielo por la noche. Todas las estrellas parecen flores.

☆ . . . .

☐ escabulléndose>escabullirse
（手から）滑り落ちる
☐ ensimismado　ぼんやりした
☐ alejado　遠くの
☐ asustado　怖い、心配した

☐ helado　凍った
☐ precisamente　正確に
☐ pesadilla　悪夢

—Por supuesto…

—Es como el agua. El agua que me diste de beber era como música. La polea y la cuerda estaban cantando… Te acuerdas… era hermoso.

—Por supuesto…

—Mirarás a las estrellas por la noche. Mi estrella, mi hogar, es demasiado pequeña para que te la muestre. Eso será mejor. Mi pequeña estrella será para ti simplemente una de las estrellas. Y entonces te encantará mirar todas las estrellas. Todas serán tus amigas. Y te daré un regalo… —Él rio nuevamente.

—¡Ah, mi pequeño amigo, mi pequeño amigo, ¡cuánto me gusta escuchar tu risa!

—Ese será mi regalo… será como el agua.

—¿Qué quieres decir?

—Las estrellas significan distintas cosas para distintas personas. Para los viajeros, las estrellas son **guías**. Para otros, no son más que pequeñas luces en el cielo. Para la gente **erudita**, las estrellas son cosas sobre las cuales **reflexionar**. Para mi hombre de negocios, están hechas de oro. Pero todas estas estrellas son silenciosas. Tú, tú tendrás estrellas como nadie más…

—¿Qué quieres decir?

—Mirarás al cielo por las noches… Y porque vivo en una de las estrellas, porque me estaré riendo en esa estrella, escucharás a todas las estrellas reír. ¡Solo tú tendrás estrellas que ríen!

Y rio nuevamente.

—Y cuando te sientas más feliz (después de un tiempo, siempre nos sentimos más felices) estarás contento de haberme conocido. Siempre serás mi amigo. **Tendrás ganas de** reír conmigo. Y de vez en cuando, abrirás tu ventana… y todos tus amigos estarán sorprendidos de verte reír mientras miras al cielo. Y entonces les dirás: "¡Sí, mirar a las estrellas siempre me hace reír!". Y ellos creerán que estás loco. Te habré puesto en una **situación** muy extraña…

☆ ....

□ guía(s) ガイド、導き
□ erudita>erudito 博識な
□ reflexionar 考察する

□ tendrás ganas de>tener ganas de ～したい、～する気分である
□ situación 状況

Y volvió a reír.

—Es como si te hubiese dado **campanillas** que ríen, en lugar de estrellas…

Él rio nuevamente. Luego se puso serio. Dijo:

—Esta noche… ¿sabes?… no vengas…

Yo le dije: —No te dejaré.

—Parecerá como si estuviera **herido**… Parecerá casi como si me estuviera muriendo. Parecerá eso. No vengas a ver eso… no hay necesidad.

—No te dejaré.

Pero él estaba **preocupado**.

—Te digo esto —dijo él—, por la serpiente. No quiero que te muerda. Las serpientes pueden ser terribles. Las serpientes pueden llegar a **morder** porque lo **disfrutan**…

—No te dejaré.

Pero luego, otro pensamiento le hizo sentir mejor.

—Es cierto que las serpientes solo tienen suficiente veneno para una sola mordida…

Aquella noche no lo vi irse. Desapareció sin hacer un **sonido**. Cuando por fin lo encontré, estaba caminando deprisa. Solamente me dijo:

—¡Oh! Estás aquí…

Y cogió mi mano. Pero todavía estaba preocupado:

—Has hecho mal en venir. Estarás triste. Parecerá casi como si me estuviera muriendo, pero eso no será verdad…

Yo no dije ni una palabra.

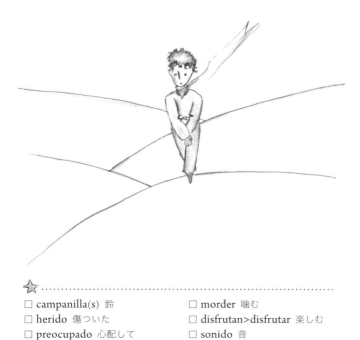

☆ ....
- [ ] campanilla(s) 鈴
- [ ] herido 傷ついた
- [ ] preocupado 心配して
- [ ] morder 噛む
- [ ] disfrutan>disfrutar 楽しむ
- [ ] sonido 音

—Tú comprendes. Mi hogar está demasiado lejos. No puedo llevar este **cuerpo** conmigo. Es demasiado pesado.

No dije ni una palabra.

—Pero este cuerpo será como un **cascarón vacío**, como la **corteza** de un árbol viejo. Eso no es triste...

No dije ni una palabra.

Él estaba triste, pero intentó alegrarse:

—Será maravilloso ¿sabes? Al igual que tú, estaré mirando las estrellas. Todas las estrellas serán como pozos de agua fresca, con poleas **oxidadas**. Y yo beberé de las estrellas...

No dije ni una palabra.

—¡Será tan hermoso! Tú tendrás quinientos millones de campanas y yo tendré quinientos millones de pozos...

Luego se calló. Estaba llorando...

—Este es el lugar. Déjame caminar solo.

Se sentó porque tenía miedo. Dijo nuevamente:

—¿Sabes?... mi flor... ¡soy responsable por ella! ¡Y ella es tan frágil! Sabe tan poco. Sólo tiene cuatro espinas para protegerse de todo el mundo…

Me senté porque ya no podía mantenerme en pie. Él dijo:

—Tú sabes… Eso es todo…

☆ ....

☐ cuerpo　体
☐ cascarón　殻
☐ vacío　空の
☐ corteza　樹皮、外皮
☐ oxidadas>oxidado　さびた

El principito se detuvo solo por un momento. Luego se paró. Dio un **paso**. Yo no pude moverme.

Hubo **tan sólo** un pequeñísimo **destello** amarillo junto a su tobillo. Se quedó **quieto** por un momento. No gritó. Cayó tan lentamente como un árbol. Debido a la arena, no hizo el menor ruido.

Capítulo XXVII

Por supuesto, ya han pasado seis años… nunca antes había contado esta historia. Mis amigos estaban muy contentos al **enterarse de** que yo estaba vivo. Yo estaba triste, pero les decía: "Solo estoy cansado…"

Ahora me siento mejor de alguna manera. Eso significa que… no por completo. Pero sé que el principito regresó a su planeta. Lo sé porque cuando volví a la mañana siguiente no encontré su cuerpo. Y su cuerpo no era tan grande… Y ahora, por la noche, me encanta escuchar a las estrellas. Suenan como quinientos millones de campanas…

☆ ....
- □ paso 歩み
- □ tan sólo ただ〜だけ
- □ destello きらめき、閃光
- □ quieto 動かない
- □ enterarse de 〜について知る

Pero hay algo extraño. Dibujé el bozal para el principito, ¡pero olvidé dibujar la **correa**! No podrá ponérselo a su cordero. Y por lo tanto me pregunto a mí mismo: "Que habrá pasado en su planeta? Tal vez el cordero se ha comido la flor…"

A veces me digo: "¡Por supuesto que no! El principito cubre la flor cada noche con su globo. **Vigila** a su cordero cuidadosamente". Entonces me siento mejor. Y escucho a todas las estrellas reír dulcemente.

Otras veces me digo: "Todos nos olvidamos de algo de vez en cuando. ¡Solo una vez será **suficiente**! Tal vez una vez olvidó el globo para su flor o quizás una noche el cordero salió de su caja…" ¡Entonces todas mis campanas se convierten en lágrimas!

Es un gran **misterio**. Para todos nosotros que amamos al principito, el universo entero cambiaría si en algún sitio, de alguna manera, un cordero que nunca hemos visto se ha comido o no se ha comido cierta flor…

Mirad al cielo. Preguntaros: "¿El cordero se

ha comido o no se ha comido la flor?" Y veréis como todo cambia...

¡Y ni un adulto comprenderá por qué esto es importante!

Para mí, este es el lugar más hermoso y más triste del mundo. Es el mismo lugar que dibujé en la página **anterior**. Hice un segundo dibujo aquí para mostrároslo a vosotros de nuevo. Este es el lugar al que llegó el principito por primera vez en la Tierra y donde partió. Mirad atentamente para que, si alguna vez estáis viajando por África, en el desierto, podáis reconocer este sitio. Y si os encontráis en este sitio, no os apresuréis. ¡Deteneos y paraos por un momento justo debajo de su estrella!

☆ ....

☐ correa 革ひも
☐ vigila>vigilar 監視する
☐ suficiente 十分な
☐ misterio 神秘、謎
☐ anterior 前の

Y luego, si un niño viene a vosotros y se ríe y tiene el cabello dorado y no contesta a vuestras preguntas, sabréis quién es. Y entonces, por favor, sed amables conmigo. **Permitidme** que esté menos triste: escribidme rápido diciéndome que él ha regresado…

FIN

□ permitidme>permitir 許す

a

- abandonó>abandonar（場所を）離れる 73
- abeja(s) ミツバチ 69
- abrirse 開く 43
- absolutamente 完全な 55
- absurda>absurdo ばかげた 73
- aburrido つまらない、退屈な 31
- aburriendo>aburrir 退屈させる 59
- acabo de...>acabar de... ～を終えたところである、～したばかりである 43, 69
- a causa de... ～が原因で 25
- actué>actuar 行動する、ふるまう 51
- además さらに、その上 45
- adivinanza(s) 謎、クイズ 93
- admira>admirar 称賛する 61
- admirador ファン 61
- aéreo 飛行機の 113
- afortunadamente 幸運なことに 23
- agradable 楽しい 13
- agujero(s) 穴、裂け目 119
- ahí そこに 51
- ahorran>ahorrar 節約する 113
- aislado 孤独な 13
- alabanza 称賛 63
- al azar でたらめに、行き当たりばったりに 19
- aldea 村、集落 119
- alejado 遠くの 129
- algo de いくらかの、多少の 11
- alguna vez かつて、昔 7
- al igual que... ～とおなじように、～と同様に 39, 81
- a lo largo de ～の間中ずっと 11
- amablemente 優しく、親切に 19
- añadió>añadir 付け加える 99
- añadiste>añadir 追加する 35
- ancho 幅 87
- anciano 老人 79
- animen>animar 元気づける 7
- anterior 前、前の 79, 139
- ante todo 第一に 55
- apaga>apagar 消す 75
- apenas ほとんど～ない 23
- apenas やっとのことで～する 43
- aplastan>aplastar 押しつぶす 111
- aplaude>aplaudir 拍手する 63
- a primera vista 一目で 11
- apuradas>apurado 急いで 109
- arbusto 灌木 27
- arden>arder 燃える 49
- arduamente 苦心して 33
- área 範囲、面積 87
- arena 砂 89
- arma(s) 武器 99
- arrancarla>arrancar 引き抜く 31
- arreglar 修理する 37
- arriba 上の 86
- asegurarse de ～を確かめる、確認する 109
- asiento 席 65
- así es como そういうわけで 11
- asombro 驚き 13, 15
- aspecto 外観、見た目 91
- asteroide 小惑星 23
- astrónomo(s) 天文学者 23
- asunto(s) 事柄 39
- asustado 怖い、心配した 129
- asustado>asustar 驚かせる 15
- atarlo>atar つなぐ、縛る 21
- a través de ～を通じて 19
- atravesó>atravesar 横切る 93
- aunque ～にも関わらず 15
- aún まだ 43
- autoridad 権力 61
- a veces ときどき 55

やさしいスペイン語で読む
星の王子さま

2018年4月7日　第1刷発行

原著者
サン＝テグジュペリ

スペイン語訳
セシリア・フェルナンデス＝フノ

発行者
浦　晋亮

発行所
IBCパブリッシング株式会社
〒162-0804 東京都新宿区中里町29番3号 菱秀神楽坂ビル9F
Tel. 03-3513-4511　Fax. 03-3513-4512
www.ibcpub.co.jp

印刷所
株式会社シナノパブリッシングプレス

ISBN978-4-7946-0536-8